Manfred Fuhrmann

# Der europäische Bildungskanon des bürgerlichen Zeitalters

Insel Verlag

Mit günstigem Fahrwind,
wie einst Pallas Athene den Telemach,
möge dieses Buch die Hochschule Holzen
bei ihren Fahrten auf dem weiten Meer
der Bildung begleiten.

Der Verfasser

Dritte Auflage 2000
© Insel Verlag Frankfurt am Main und Leipzig 1999
Druck: Sebald Sachsendruck, Plauen
Printed in Germany

# Inhalt

# Vorwort

Daß es dieses Buch gibt, ist durch einen äußeren Anlaß bedingt. Das »Österreichische College« in Wien, eine Gründung aus der Zeit unmittelbar nach dem Zweiten Weltkrieg, lädt alljährlich im Sommer zu einem »Europäischen Forum« in das Tiroler Dorf Alpbach ein. Dort werden neben anderem in Vorträgen und Seminaren auch kulturelle Probleme behandelt, für die jeweils ein thematischer Rahmen vorgegeben ist. Im Jahre 1997 lautete das Generalthema »Wissen wozu? Erbe und Zukunft der Erziehung«. Der Verfasser wurde gebeten, hierzu durch ein Seminar beizutragen, das sich der Frage »Gibt es einen europäischen Bildungskanon?« annehmen sollte. Das Thema schien verlockend; der Verfasser sagte zu. Er gewann den Berner Emeritus Walter Rüegg als Begleiter durch die vielgestaltige Bildungslandschaft, die sich während einer arbeitsreichen Woche in den Referaten des Verfassers und den Gesprächen mit den Teilnehmern auftat. Dem Kollegen und Freunde sei auch an dieser Stelle von Herzen für seine aus reichem Wissen schöpfende Mitwirkung gedankt.

Vielleicht hätte man das Thema »Europäischer Bildungskanon« ganz anders anpacken können. Daß der Verfasser eine Form wählte, die einem Essay nahekommt, hat neben anderem gewiß auch einen biographischen Grund. Der Verfasser ist in einer kleinen nordwestdeutschen Residenz aufgewachsen, und zwar zu einer Zeit, da dieselbe den Status einer wirklichen Residenz erst seit kurzem eingebüßt hatte. Der letzte regierende Fürst lebte noch, und viele Geschäfte schmückten sich noch mit dem Prädikat »Hoflieferant«. Der Verfasser brauchte sich also nur an seine Jugend in seiner provinziell verspäteten Heimatstadt zu erinnern, und schon sah er ein gut Teil der Elemente vor sich, die seiner Meinung nach den bürgerlichen Bildungskanon repräsentierten: das alte, nach seinem fürstlichen Stifter benannte Gymnasium, das Theater mit Oper und Orchester sowie das Museum, das als besondere Attraktionen eine Mumie und die Spuren eines Kugelblitzes vorzuweisen hatte.

Zum Schluß sei noch dem Kollegen gedankt, den der Verfasser für den Urheber des Themas hält, der ihn jedenfalls aufgefordert hat, ein Seminar darüber abzuhalten: dem Grazer Ordinarius für Soziologie Karl Acham, einem der kundigen und findigen spiritus rectores des Alpbacher »Forums«.

# Einleitung

Die Formel ›Europäischer Bildungskanon‹ ist noch wenig verbreitet; sie bedarf einiger Erläuterung. Gemeint ist ein Inbegriff von Wissen und Kennerschaft, den sich alle oder viele Europäer teilen, soweit sie einer bestimmten Schicht, dem gehobenen, insbesondere dem akademischen Bürgertum angehören.

Man kann sich fragen, ob es einen derartigen Inbegriff – eine bestimmte Auswahl aus der religiösen, der philosophischen, der literarischen, der künstlerischen und der wissenschaftlichen Tradition, die viele für verbindlich halten – je gegeben hat oder ob es ihn jetzt noch gibt. Hier wird angenommen, daß jedenfalls der erste Teil dieser Frage eine positive Antwort erlaubt: Die jüngst vergangene Epoche der europäischen Geschichte, die Neuzeit von der Aufklärung bis zu den beiden Weltkriegen, vom späten 17. bis zum frühen 20. Jahrhundert, hat zweifellos einen für sie verbindlichen Kanon der Bildung gekannt und anerkannt. Und Träger dieser Bildung waren nicht mehr oder allenfalls beiläufig Klerus und Adel und noch nicht die moderne Massengesellschaft, sondern eine hinlänglich scharf begrenzte Schicht, eben das Bürgertum.

Der zweite Teil der Frage möge hier offen bleiben. Fest steht, daß die Epoche, die den bürgerlichen Kanon hervorgebracht, erweitert und in unangefochtener Geltung von Generation zu Generation weitergegeben hat, in der ersten Hälfte des 20. Jahrhunderts zu Ende gegangen ist; sie wurde durch das Zeitalter der Massen abgelöst. Die Institutionen, die dem Kanon Gestalt gaben, in denen er sich manifestierte – das Gymnasium, das Theater, das Museum, ferner das Konzert- und Vortragswesen –, sind zwar noch vorhanden, sie waren indes in den letzten Jahrzehnten großenteils erheblichen Veränderungen ausgesetzt, um nicht zu sagen erheblichen Deformationen, oder sie kümmern dahin, weil sie keine

Resonanz mehr finden. Hierin scheint sich zu spiegeln, daß die einst deutlich von ihrem sozialen Umfeld abgehobene Trägerschicht des Kanons einem diffusen gesellschaftlichen Panorama Platz gemacht hat.

Von zwei Hauptbastionen des bürgerlichen Kanons, dem ›kultivierten‹ Elternhaus und dem humanistischen Gymnasium, sind nur noch Reste übrig – diese beiden Instanzen vermittelten den je Heranwachsenden zuallererst einen hohen Standard von Sprachbeherrschung in Wort und Schrift und hiermit zugleich den Zugang zur Literatur, zur Philosophie und zur Geschichte. Die Rituale, an denen das Bürgertum zu gemeinsamem Vollzug in corpore teilnahm, das Theater und das Konzert, sind durch die modernen Medien, durch die Schallplatte und den Film, durch Radio und Fernsehen, kurz: durch Reproduzierbarkeit an beliebigen Orten und zu beliebiger Zeit entwertet und ihrer einstigen Funktion eines ›gesellschaftlichen Ereignisses‹ weithin beraubt. Die Bildungsreise endlich scheint den Wandel der Zeiten besonders handgreiflich zu bekunden: Sie, die ihrerseits an die Kavalierstour des Adels angeknüpft hatte, ging auf im Massentourismus der Charterflugzeuge und Omnibusse.

Die Auflösung des bürgerlichen Kanons zog manches mit sich in den Untergang: Eine einst durchaus realistische Figur Wilhelm Raabes, der Chemiker Dr. Asche in *Pfisters Mühle*, der sich abends nach des Tages Plage durch die Lektüre des Homer – wohlverstanden: des Originals – erquickt, ist aus der heutigen Wirklichkeit gänzlich verschwunden. Andererseits hat, wie vormals das Bürgertum vom Adel, so in neuester Zeit der Massenbetrieb vieles vom Bürgertum übernommen, und diese Elemente des bürgerlichen Kanons leben fort – verändert, vergröbert, verdünnt oder sonstwie gebrochen. Liegt hier abermals ein Kanon vor, d. h. hat der moderne Kultur- und Freizeitbetrieb bereits ein Pendant zum bürgerlichen Kanon hervorgebracht? Wer geneigt ist, hierauf mit Ja zu antworten, sieht sich sofort mit zwei weiteren Fragen konfrontiert: Er muß einmal dazu Stellung nehmen, ob es sinnvoll ist, diesen angeblichen neuen Kanon noch als Inbegriff von ›Bildung‹ zu klassifizieren, und muß zum anderen Auskunft geben, in welchem Maße es sich hierbei noch um einen europäischen Kanon handelt, wie dies beim Kanon des bürgerlichen Zeitalters zweifellos der Fall war.

Doch um diese Probleme soll es hier nicht gehen. Es geht hier vielmehr um die Entstehung und das Wesen der bürgerlichen Bildung, nicht um deren Auflösung und den Übergang zu etwas Neuem, das sich, wenn überhaupt, nur in unsicheren Umrissen dingfest machen läßt. Der Kanon der bürgerlichen Bildung wird hier also als etwas noch Existentes behandelt; die Darstellung endet, ohne jeweils eigens darauf hinzuweisen, mit dessen völliger Entfaltung in allen seinen Inhalten. Diese Offenheit zur Gegenwart hin ist keine blanke Fiktion. Der Übergang vom bürgerlichen Kanon zu etwas Neuem vollzieht sich generationenweise, und dies bringt mit sich, daß der Kanon, so offenkundig er in allen Bereichen zerfällt und sich auflöst, zugleich bei den Angehörigen der älteren Generation unverändert fortlebt; wer noch von ihm geprägt ist, wird ihn bis zu seinem Tode kaum wesentlich verändert bewahren.

Von einem ›Kanon‹ pflegt man vor allem dann zu reden, wenn eine verbindliche Auswahl aus der literarischen Überlieferung zur Debatte steht – was, wie noch gezeigt werden soll,[1] mit der Geschichte dieses Begriffs zusammenhängt. Hier aber ist, abweichend von der üblichen Verwendungsweise, ein Überblick über ein viel weiteres Gebiet intendiert: Alle jene Bereiche, oder jedenfalls die wichtigsten davon, sollen Revue passieren, mit denen die ›Gebildeten‹ Europas während der letzten Jahrhunderte außerhalb ihres Berufes durch Schule und Elternhaus vertraut gemacht wurden oder sich selbst vertraut machten, die ihnen gemeinsam waren und durch die sie sich als homogene Schicht erlebten, die ihrem Geist und ihren Sinnen Nahrung gaben und ihnen Weltorientierung, Menschenkenntnis und ästhetische Genüsse vermittelten.

Die hier gemeinten Bereiche trugen ein zusammenfassendes Etikett; sie waren Bestandteile der sogenannten allgemeinen Bildung. Wer sich mit einem Blick über den Umfang dieses Ensembles von vor- und außerberuflichen Kenntnissen unterrichten möchte, der braucht nur den Fächerplan des humanistischen Gymnasiums zu betrachten, wie er gegen Ende des 19. Jahrhunderts beschaffen war. Dort hatte nahezu alles eine Heimstatt gefunden, was der benötigte, der vor sich selbst und vor anderen als gebildet gelten wollte: die alten und die neuen Sprachen, die Geschichte, die Künste, die Mathematik und die Naturwissenschaften. Allerdings bot das Gymnasium diese Materien nicht in dem Verhältnis dar, in dem sie auch für die allgemeine Bildung von Belang waren, sondern in Proportionen, die sich auf pädagogische Rücksichten gründeten. Die alten Sprachen z. B. nahmen im Stundenplan des Gymnasiums weit mehr Raum ein, als für die Einübung des grammatischen und literarischen Rüstzeugs erforderlich war, dessen der Gebildete bedurfte; andererseits pflegten die mit einer, allenfalls zwei Wochenstunden bedachten musischen Fächer nur sehr elementare kunst- und musikgeschichtliche Kenntnisse zu vermitteln, so daß hier das meiste durch eigene Initiative, durch den Besuch von Konzerten und Museen nebst Benutzung einschlägiger Führer, zu erwerben war. Die Philosophie wiederum hatte nur scheinbar keinen Platz im Stundenplan: Die Schriften Platons und Ciceros gehörten zum Lektüreprogramm des Griechisch- und Lateinunterrichts, so daß die Gymnasiasten immerhin in die Grundbegriffe der antiken Philosophie eingeführt wurden.

Die Religion blieb bislang unerwähnt; sie existierte als Schulfach, aber je später, desto weniger als Gegenstand des bürgerlichen Kanons, weshalb ihr denn auch unter den Inhalten des Kanons kein eigener Abschnitt zugewiesen worden ist. Sie war bis zur Aufklärung das einzige legitime Fundament europäischer Welt- und Lebensdeutung; sie beherrschte als Kult und als ethische Forderung jedermanns

Alltag. Die Bibel genoß als ständig in Gebrauch befindlicher heiliger Text eine Vorrangstellung, die sie als inkommensurabel mit aller übrigen Literatur erscheinen ließ, und nahezu alle Kunst und Wissenschaft stand während des Mittelalters und in den ersten Jahrhunderten der Neuzeit im Dienst der omnipräsenten christlichen Religion.

Doch die Glaubenskriege des 16. und 17. Jahrhunderts kompromittierten das Christentum, und so hörte es auf, die maßgebliche Mitte des gesamten öffentlichen und privaten Lebens zu sein; an seine Stelle traten das Ideal der von ihrer Vernunft geleiteten autonomen Persönlichkeit sowie der Nationalstaat als die das Denken und Trachten aller ihm angehörenden Individuen bestimmende geistige Macht. Schließlich zerbrach auch das soziale System des ordo christianus, die ständisch gegliederte Hierarchie der Gesellschaft; der Absolutismus wich der konstitutionellen Monarchie, und nicht mehr der Hof, sondern das gehobene Bürgertum war von nun an die in allen Bereichen der Kultur tonangebende Instanz.

Aus diesen Voraussetzungen erwuchs der bürgerliche Kanon der Bildung als ein Produkt der Säkularisierung, d. h. jener Entwicklung, durch die sich die Künste und Wissenschaften entsakralisiert, von ihrer religiösen Einbindung emanzipiert haben. Religiös Gedeutetes, das Weltbild, und von der Religion Gefordertes, die Ethik, wurde nunmehr wissenschaftlich gedeutet und philosophisch gefordert, und was überwiegend im Dienste des christlichen Kults gestanden hatte, die Bildenden Künste und die Musik, beanspruchte mehr und mehr, als Schmuck der bürgerlichen Existenz und als ästhetisches Phänomen um seiner selbst willen aufgefaßt zu werden. Im Bereich des Schulwesens übernahm der Staat die Aufgaben, die bislang noch großenteils von den Kirchen, zuletzt in den katholischen Ländern mit besonderem Eifer von den Orden wahrgenommen worden waren, und im Gymnasium trat gegen Ende des 18. Jahrhunderts der neue Berufsstand des Philologen an die Stelle des bis dahin allein zuständigen Theologen. Zugleich schlug dem Lateinischen als gemein-europäischem Verständigungsmittel die Stunde; die Nationalsprachen beendeten nun auch in den Wissenschaften eine mehr als tausendjährige Tradition.

Der Kanon der bürgerlichen Bildung, der sich im Zusammenhang mit diesen Veränderungen konstituierte, war weit und flexibel genug, religiöse Gehalte und Empfindungen nicht auszuschließen. Andererseits kam der Religion darin keine beherrschende Rolle mehr zu. Viele Gebildete lernten biblische Texte nur noch durch Oratorien und Heiligenlegenden nur noch durch Gemälde alter Meister kennen; die Kirchen nahmen für die bürgerlichen Reisenden den Charakter von Museen an, und die gesamte christliche Architektur, Malerei und Plastik wurde vornehmlich nach Maßgabe der künstlerischen Vollkommenheit gewürdigt.

Dieser tiefgreifende Wandel – wohl die schärfste Zäsur, die die antik-europäische Tradition seit der Völkerwanderungszeit, seit dem Übergang von der Antike zum Mittelalter erlebt hat – brachte auch seine eigene, nur ihm vollauf angemessene Terminologie hervor, im deutschen Sprachraum insbesondere die Begriffe ›Bildung‹ und ›Kultur‹ in einer bestimmten, auch heute noch üblichen Bedeutung.[2] ›Bildung‹ ist etwas, das sich, wie man sofort spürt, auf die denkenden Köpfe einer in allen Bereichen von der Religion durchdrungenen Ära nicht anwenden läßt. Das Mittelalter kannte Geistliche und Gelehrte und nach Maßgabe des christlichen Wissenskanons auch Intellektuelle, jedoch nicht den Typus des im bürgerlichen Sinne Gebildeten. Dies ist gewiß durch die Inhalte der bürgerlichen Bildung bedingt, durch deren überwiegend säkularen Charakter. Eine ähnliche Bewandtnis hat es wohl mit dem Ausdruck ›Kultur‹. Wer ihn auf die von der christlichen Religion geprägten Epochen anwendet und z. B. von der ›christlichen Kultur‹ oder der ›Kultur des Mittelalters‹ spricht, stellt sich eo ipso außerhalb dieser Religion: Er will sie primär als ›Kultur‹ aufgefaßt wissen und nicht als das, was sie war, als Glaubensgemeinschaft.

Die Wortverbindung ›europäischer Bildungskanon‹ könnte, so gut ›Bildungskanon‹ auf die Zeit paßt, um die es hier
geht, auf die Aufklärung und das 19. Jahrhundert, als con-
tradictio in adiecto, als Widerspruch in sich erscheinen: Was
ist an dem Kanon ›europäisch‹? Das Zeitalter der Säkularisierung, des Wegstrebens von der christlichen Religion, war
zugleich ein Zeitalter des nationalen Denkens und des Na-
tionalstaates und damit des Auseinanderstrebens der europäischen Völker, so daß die Frage erlaubt ist, worin denn das
›Europäische‹ besteht, das die doch zweifellos vorhandenen
nationalen Kanones enthalten sollen. Wie man Europa auf
dem Felde der Politik als ein Bündel von Vaterländern gedeutet hat, so müßte es auch legitim sein, in ihm einen
Inbegriff verschiedener nationaler Kanones zu erblicken,
zumal dort, wo eine besonders auffällige Verschiedenheit,
die der Sprachen, das wechselseitige Verständnis behindert,
bei der Literatur. Dort zeigt sich ja sofort, daß das nationale
Element von größerem Belang ist als das europäische: Gegenüber einer erheblichen Majorität der Autoren, die in der
jeweiligen Landessprache schreiben, bildet die Gesamtheit
aller fremdsprachlichen Autoren in den einzelnen nationalen
Kanones lediglich eine Minderheit.

Gleichwohl: Europa ist, seit es als ein ziemlich einheitli-
cher Kulturraum existiert, seit der Zeit der Völkerwanderung, durch alle Epochen hindurch gleichsam ein System
kommunizierender Röhren gewesen, d. h. jedwede wichtige
Neuerung auf geistigem, künstlerischem, wissenschaftlichem
oder technischem Gebiet, die sich in irgendeinem europäischen Lande hervortat, setzte sich mit nicht allzu großer
Verzögerung auch im übrigen Europa durch, und insbesondere bei den führenden Schichten kam es nie zu erheblichen
kulturellen Unterschieden. Dies gilt auch und vielleicht sogar
in besonderem Maße für die Zeit, da nicht mehr dynastisch
bedingte, sondern nationale, d. h. zu schier absoluten Werten
gesteigerte ethnische Qualitäten, das Handeln auf politi-
schem und kulturellem Gebiet bestimmten. Die nationalen

Kanones in Europa sind, so betrachtet, nichts als Varianten desselben Typs, bei denen das Gemeinsame die Differenzen erheblich übertrifft. Allerdings haben sich die bisherigen Darstellungen von Teilen des Bildungskanons oft intensiver der nationalen Besonderheiten angenommen als der umgreifenden und einander bedingenden europäischen Übereinstimmungen. Diese Tendenz hat in aufdringlicher Weise die ganz auf den nationalen Rahmen fixierte Literaturgeschichtsschreibung gezeigt; sie kann auch bei Spezialitäten auftreten wie bei der von nationalen Konkurrenzkämpfen erfüllten Geschichte der Oper. Derartige Verzerrungen ändern indessen nichts an der offenkundigen Tatsache, daß es einen europäischen Bildungskanon gibt und daß bei ihm, in allen seinen Teilen, das Gemeineuropäische wichtiger ist als das je Nationale.

Es scheint noch kein Werk zu existieren, das dem Thema dieser Schrift in vollem Umfang entspräche. Nur für die einzelnen Bereiche – für die Literatur, das Theater, die Musik usw. – liegen einschlägige Untersuchungen vor, manchmal nur dürftige Skizzen, mitunter ausführliche Monographien.[3] Die Besonderheit dieser Studie besteht somit vor allem darin, daß sie einen ersten Versuch unternimmt, eine Synopse des Gesamtphänomens ›Bürgerliche Bildung in Europa‹ zu geben. Daß sie lückenhaft ist und perspektivische Verkürzungen enthält (der Autor vermutet z. B., daß er die Dinge allzu sehr von seinem mitteleuropäischen Standort aus angeht), möge man dem Umstande zugute halten, daß mit ihr kein abschließendes Standardwerk beabsichtigt ist, sondern lediglich ein erster Überblick und Entwurf.

Die Schrift besteht aus drei Teilen. Der erste Teil befaßt sich mit Vorfragen: Er sucht die drei wichtigsten Kategorien des Themas, die Begriffe ›Europa‹, ›Bildung‹ und ›Kanon‹, zu erläutern. Der Aufgabe, auch dem Terminus ›Bürgertum‹ einen Abschnitt zu widmen, glaubte der Verfasser sich überheben zu dürfen. Der zweite Teil hat eine historische sowie zwei wichtige institutionelle Voraussetzungen der bürgerlichen Bildung zum Gegenstand; er umreißt gleichsam den Sockel, auf dem die bürgerliche Gesellschaft ihren Bildungskanon errichtete.

Mit der historischen Voraussetzung ist der Rückgriff auf die Antike gemeint, der seit der Renaissance den literarischen, künstlerischen und wissenschaftlichen Entwicklungen in Europa stärkste Anstöße gegeben hat. Es schien daher angezeigt, zunächst einen Blick auf die Rezeption der Antike durch das neuzeitliche Europa zu werfen.

Als wichtige institutionelle Voraussetzung der bürgerlichen Bildung verdient vor allem das Gymnasium eine kurze Würdigung; es erhielt zu Beginn des 19. Jahrhunderts jene humanistisch-idealistische Prägung, die es, wie schon angedeutet wurde, gleichsam als Gefäß der bürgerlichen Bildung erscheinen läßt.

Schließlich der absolutistische Hof: Er hat, so sehr sich das Bürgertum von ihm distanzierte, zum Kosmos der bürgerlichen Bildung drei Einrichtungen beigesteuert: das Theater, das Konzertwesen und das Museum. Seine über der üblichen, rein stilgeschichtlichen Betrachtungsweise oft vernachlässigte Rolle als Bedingung für den bürgerlichen Kunstgenuß sollte im Zusammenhang und nicht so sehr bei den einzelnen von ihm geschaffenen Institutionen, denen je eigene Kapitel gewidmet sind, skizziert werden.

Die Abschnitte des dritten Teils erläutern sich selbst: In ihnen kommt das System, kommen die Inhalte, die Sachbereiche der bürgerlichen Bildung zur Sprache. Hier mag man zweifeln, ob nicht einerseits zuviel und andererseits zuwenig dargeboten wird. Als überschießende Zutat könnte man das Kapitel über die Enzyklopädie betrachten, die ja – ähnlich wie die Bibliothek eine aus älteren Zeiten an das Bürgertum überkommene Einrichtung – mehr als Hilfsmittel für die Bildung denn als Bildungsinhalt fungierte. Defizite lassen sich wohl an verschiedenen Stellen namhaft machen: Vielleicht hätte die Geographie einen besonderen Abschnitt verdient, und neben dem Konzertwesen wäre gewiß auch ein

Blick auf die Hausmusik, neben der Oper ein Blick auf das Ballett nicht unangebracht gewesen. Doch um Vollständigkeit war es dem Verfasser nicht zu tun; es genügte ihm, das Wichtigste in Umrissen vorzuführen.

# I. TEIL: DIE BEGRIFFE

## 1. Kapitel: **Europa**

Der geographische Name ›Europa‹ entstammt der Antike. Er findet sich zum ersten Male in einem griechischen Götterhymnus des 7. Jahrhunderts v. Chr.;[1] er bezeichnet dort ein Gebiet, das in etwa dem europäischen Teil der heutigen Türkei entspricht. Der Europa-Name begann seine Karriere also am Bosporus, an der Stelle, die noch heute als die eindeutigste Grenzscheide zwischen Asien und Europa gilt. Von dort aus drang seine Reichweite rasch über das ganze Gebiet hin vor, das auch die Landkarten der Gegenwart ›Europa‹ nennen. Entsprechend haftete auch der Name ›Asien‹ zunächst am Hinterland der Trennungslinie, am jetzigen Kleinasien; mit wachsender Kenntnis dehnte er seinen Umfang nach Osten hin aus.

Die geographische Kategorie Europa gelangte unversehrt über den kulturellen Hiat zwischen der Antike und dem frühen Mittelalter, ja, sie wurde nunmehr (nach einigen Vorreitern bei den Griechen und Römern) in politischer Färbung verwendet: Der Gedanke, den Europa-Namen als verbindende Idee zu beschwören, geht auf das Chaos der Völkerwanderungszeit zurück; das Wort bezeichnete damals das Katastrophengebiet, den Siedlungsraum der von den Invasionen heimgesuchten weströmischen Bevölkerung.

Diese Idee hat sich während der etwa anderthalb Jahrtausende ihrer Existenz auf zweierlei Weise, in zwei sehr verschiedenen, geradezu unversöhnlich einander gegenüberstehenden Ausprägungen konkretisiert, in zwei Abläufen, die auch zeitlich voneinander getrennt sind. Der erste Ablauf, der in der Völkerwanderungszeit, im 5. und 6. Jahrhundert, seinen Anfang nahm, erreichte unter Karl dem Großen im 9. Jahrhundert seinen Höhepunkt und lebte dann nur noch als Reminiszenz an etwas Vergangenes fort. Der zweite, vom ersten nahezu gänzlich unabhängige Ablauf setzte im späten Mittelalter ein – aus ihm ging bis zum 17. Jahrhundert das Europabild, das Selbstverständnis der Europäer hervor, das bis zum Zeitalter der Weltkriege gültig blieb.

Die Vorstellung, die während der ersten, der frühmittelalterlichen Periode einigen Einfluß gewann, suchte die Vielfalt der europäischen Völker als Einheit zu begreifen; sie stellte heraus, was die europäischen Völker miteinander verband, worin sie sich teilten – sie war eine monistische Europa-Idee. Sie beruhte auf dem übernationalen Reich Karls des Großen und berief sich vor allem auf die sämtlichen in diesem Reiche lebenden Völkern gemeinsame Religion. Sie erlahmte und erlosch, nachdem sich das Reich in Bruderkriegen und Teilungen aufgelöst hatte.

Die Vorstellung wiederum, die sich im späten Mittelalter, in der Renaissance und im 16. Jahrhundert schrittweise konstituierte und der europäischen Öffentlichkeit bemächtigte, die dann, im bürgerlichen Zeitalter, bis zum Ersten Weltkrieg, nahezu unverändert maßgeblich blieb – diese Vorstellung hob, ohne das Verbindende zu vernachlässigen, zuallererst das die europäischen Völker Trennende, ihre wechselseitige politische Unabhängigkeit hervor; sie begriff Europa als ein System von souveränen Staaten, die durch eine gemeinsame Kultur miteinander verbunden seien und unter denen Frieden herrschen solle, aufrechterhalten durch das Prinzip des Gleichgewichts der Kräfte.

Das hohe Mittelalter orientierte sich an anderen Leitideen – es wußte nichts von einem wie auch immer beschaffenen Europa-Gedanken. Die auffälligste und wichtigste gesamteuropäische Unternehmung dieser Epoche waren zweifellos die Kreuzzüge. Gleichwohl kommt der Europa-Name in der hierfür einschlägigen Literatur, in der Publizistik und Geschichtsschreibung jener Zeit, überhaupt nicht vor; die Kategorie, die dem umfassenden, alle Völker Europas einbeziehenden Zuschnitt der Kreuzzüge Rechnung zu tragen suchte, hieß vielmehr christianitas, Christenheit. Auch sonst wurde das mittelalterliche Denken vom ordo christianus, von der christlichen Welt- und Lebensordnung, beherrscht – diese Vorstellung kannte im Grunde nur zwei Gemeinschaften, eine irdische und eine ›himmlische‹, den Staat und die Kirche, welche beide als universale Instanzen galten. Und beide beriefen sich auf und benannten sich nach Rom: die Kirche, weil der römische Bischof als der Nachfolger des Apostels Petrus die Vorstandschaft in der gesamten Christenheit beanspruchte, der Staat, weil Rom als Inbegriff für jegliche dem Recht verpflichtete und sich für den Frieden verbürgende Staatlichkeit galt.

Rom, die Kirche, das Reich, die Christenheit – so hießen die Leitideen des hohen Mittelalters. Ihnen gegenüber hat sich der Europa-Name erst zu Beginn der Neuzeit wieder durchzusetzen begonnen, als Reflex eines langwierigen Prozesses, der von den universalen Instanzen Kirche und Reich sowie von der Religionsgemeinschaft Christenheit zum neuzeitlichen Europa der Nationen und Nationalstaaten führte. Den wichtigsten Anstoß für die Wiederkehr des Europa-Namens als politischer und kultureller Kategorie – diesmal, im Gegensatz zur karolingischen Entwicklung, in einem pluralistischen Sinne – gab eine äußere Gefahr: die von Südosten her Teile Europas erobernden Türken. Als das epochale, auch für den Europa-Gedanken entscheidende Ereignis sei der Fall von Konstantinopel im Jahre 1453 genannt, und ebenso der Mann, der diesen neuen Europa-Gedanken hervorbrachte und zu verbreiten nicht müde wurde: Enea Silvio de' Piccolomini, auf dem Papstthron Pius II. (1458-1464).

Das publizistische Œuvre von Enea Silvio enthält zwei richtungsweisende neue Vorstellungen: die der europäischen Völkervielfalt und die der allen Europäern gemeinsamen kulturellen Herkunft. Die Völkervielfalt wird vor allem in einer eigens zu diesem Thema verfaßten Schrift vorgeführt, in einer Abhandlung, die den programmatischen Titel »Europa« trägt.[2] In ihr beginnt jedes Kapitel mit einem Land oder einer Landschaft, um sich sodann den Bewohnern zu-

# ˙AENEAE SYLVII PII
## II. Pontificis Maximi, in Europam
### sui temporis uarias continentem
### historias.

#### PRÆFATIO.

Ⓥ V AE sub Frederico tertio eius nomine Imperatore apud Europeos, aut qui nomine Christiano censentur, insula, homines, gesta feruntur memoratu digna, miliĉ digna tradere posteris, quàm breuissimè libet commiscebimus, aliqua interdum altius repetita, quemadmodum locorum, rerumĉ ratio expostulare uidebitur.

## De Hungaria , siue ut nonnulli uolunt
Pannonia, de Sigismundo Imperatore catholicæ fidei ad unitatem insigni redactore, de Alberto rege Bohemo in Imperatorem Romanorum à Germanis electo, de Iacobo Marchiano ad tumultum sedandum crucifixigerò, de multis alijs & ducibus & regibus, inter quos de Matthia qui ex carcere ad regnum est uocatus, Cap. i.

Ⓗ VNGARIA quę Austrię Frederici patriæ contermina est, & in orientem uergit, principium narrationis præstabit. Hanc prouinciam nonnulli Pannoniam uocant, tanquam Hungari Pannoniorum loco successerint: uerum neĉ Hungaria Pannoniæ terminos implet, neĉ illa tam lata olim fuit quàm nostra ætate Hungaria. Intra Danubium enim & Alpes, qui ad Italiam & Adriaticum respiciunt mare, Pannonia continebatur: ab occasu Noricum Enumĉ amnem, ab ortu Mysos ac Triballos & flumen Sauum còtingens, intra quos limites Austriæ magna portio clauditur, & Teutonibus incolitur Stiria quoĉ ijsdé terminis continetur, Valeria quondã appellata Hungaria uero, quam uis inferiorem Pannoniam à fluuio Leycha usĉ Sauum complexa est, Danubium tamē transgressa ad Polonos usĉ protenditur, & quę quondam arua tenuere Gepidæ, Dacium
K k 2                                  possident.

Enea Silvio Piccolomini
(Papst Pius II.)
Titelblatt zur Schrift »Europa«
(Opera, Basel 1551)

zuwenden und einen geschichtlichen Überblick über die politischen, kirchlichen und wirtschaftlichen Verhältnisse zu bringen.

Der gemeinsamen kulturellen Herkunft der europäischen Völker wird vor allem in einer Rede gedacht, die Enea Silvio auf dem Frankfurter Türkentage des Jahres 1454 hielt; es heißt dort: »Jetzt ist Griechenland verwüstet und zerstört – welch kultureller Verlust uns daraus erwachsen ist, wißt ihr alle, da euch ja bekannt ist, daß die gesamte Bildung der lateinischen Welt aus griechischen Quellen stammt.«[3]

Europa als Inbegriff zahlreicher verschiedener Völker, die allesamt an derselben Kultur teilhaben: Dieser Konzeption fehlte zunächst allerdings noch die staatsrechtlich-politische Komponente; ihr fehlte ein Staatsbegriff, der den Staat von allen äußeren Bindungen, zumal von religiösen, löste, und ihr fehlte auch die das spätere Zusammenleben der europäischen Völker regulierende Maxime des Gleichgewichts. Diese Elemente des Europa-Gedankens, deren Durchsetzung mit der inneren Konsolidierung der Nationalstaaten Hand in Hand ging, sind Errungenschaften des 16. und 17. Jahrhunderts und somit eines der Vermächtnisse, welche das absolutistische Zeitalter dem bürgerlichen hinterließ.

Zur Säkularisierung des Staatsbegriffs trugen vor allem zwei Italiener bei, Machiavelli und Guicciardini. Machiavelli wollte jegliche Religion und Metaphysik von der Politik ferngehalten wissen. Er lehnte die universalen Mächte des Mittelalters aufs schärfste ab und rückte die Souveränität der einzelnen Staaten rigoros ins Zentrum seiner Darlegungen, da er die Nationen für die eigentlichen Subjekte der Geschichte hielt. Guicciardini wiederum war es darum zu tun, in seiner *Storia d'Italia*, dem ersten Werk dieses Zuschnitts, das zerrissene Italien als Spielball der Großmächte Frankreich und Habsburg erscheinen zu lassen und die Idee des Völkerfriedens zu propagieren.

Schließlich der Vollender dieser Entwicklung, der französische Staatstheoretiker Bodin, der den Souveränitätsbegriff

Tafel der Völker Europas
(Anfang des 18. Jh.s)
Zehn Repräsentanten in Landestracht:
Die Tabelle gibt Auskunft über ihre
angeblichen Eigenschaften

durchsetzte:[4] Seine Schriften führen eine europäische Staatlichkeit vor, die sich von den Universalmächten Kirche und Reich befreit hat, auf einem System individueller Nationen beruht und Europa als Teil des globalen Ganzen begreift – er pflegt bei diesen Betrachtungen die Kategorie ›Europa‹ ausdrücklich zu verwenden: »die Fürsten Europas«, »die Völker Europas« und ähnlich lauten die Formeln, deren er sich ständig bediente.[5]

Die Maxime des Gleichgewichts endlich, der Grundsatz also, kein einzelner Staat dürfe so viel Macht erlangen, daß ihm nicht die übrigen Staaten die Stirne zu bieten vermöchten – diese Maxime, die man im 16. Jahrhundert durch das habsburgische Weltreich und im 17. Jahrhundert durch das Frankreich Ludwigs XIV. bedroht sah, war das wichtigste Thema einer ungemein regen politischen Publizistik. In dieser aber setzte sich, nachdem man während des 16. Jahrhunderts noch die Begriffe Christen und Christenheit bevorzugt hatte, im 17. Jahrhundert allmählich der Europa-Name durch. Hierzu hat wohl auch Leibniz nicht wenig beigetragen, der in zahlreichen politischen Gelegenheitsschriften die Grundgedanken der Epoche, das Eigenrecht der Nationen, das Gleichgewicht und das Postulat des Völkerfriedens, zu fördern suchte und sich hierbei immer wieder zu Europa als dem Bezugsrahmen seiner politischen Argumentation bekannte.

Der Überblick über die Geschichte des Europa-Gedankens ist damit beendet. Denn im 17. Jahrhundert war, wie eingangs angedeutet wurde,[6] das Ideengebäude fertig, an dem sich die Europäer bis zum Ersten Weltkrieg orientierten, und die neuesten Entwicklungen, die Folgen des Zusammenbruchs dieses Ideengebäudes, brauchen hier nicht berücksichtigt zu werden. Auch von dem vielfältigen Europa-Schrifttum, das vor allem im 19. und 20. Jahrhundert entstand, kann hier abgesehen werden: Was sich da vor dem Leser ausbreitet – von Novalis bis Enzensberger und anderes mehr[7] –, läßt sich auf die beiden Grundmuster reduzieren, die soeben skizziert wurden.

Hierzu sei nur noch bemerkt, daß einige dieser neueren Europa-Essayisten eine Art geistiger Wahlheimat im hohen Mittelalter, bei den Universalmächten, zumal der Kirche, zu haben scheinen: Sie huldigen einer monistischen Europa-Idee und sind geneigt, die neuzeitliche Entwicklung nicht nur als Säkularisierung (was sie in der Tat ist), sondern auch als Niedergang zu deuten. Demgegenüber sind die meisten Autoren hauptsächlich in der Aufklärung verwurzelt; sie vermögen in einer das öffentliche Leben beherrschenden Religion kein Heil zu erblicken und stützen sich statt dessen auf den modernen Staat und die von ihm verbürgten Freiheitsrechte – ihre Wunschvorstellungen laufen daher eher auf pluralistische Europa-Konzeptionen hinaus.

Zweifellos erscheint jetzt, insbesondere im Bereich der Politik, die auf die Romantik zurückgehende Beschwörung eines ›christlichen Abendlandes‹ und alles dessen, was im Mittelalter gewesen ist, als Schwarmgeisterei. Doch auch für die kulturelle Komponente des Europa-Begriffs sind die Jahrhunderte von Enea Silvio bis Leibniz die Wasserscheide, die alle frühere Europa-Propaganda als vergangen und fremd erscheinen läßt. Enea Silvio hat ja gewiß nicht zuletzt deshalb den Europa-Namen an die Stelle der Losung ›Christentum‹ gesetzt, weil er nicht nur Kleriker, sondern auch Humanist war: Er bevorzugte eine Kategorie, die die vorchristlichen Wurzeln der europäischen Kultur, die klassische Antike, die Griechen zumal, einschloß.

Für bildungsgeschichtliche Fragen der letzten drei Jahrhunderte empfiehlt sich also der Europa-Begriff exakt in der Bedeutung, die ihm als dem Nachfolger der mittelalterlichen christianitas von Enea Silvio an zuteil geworden ist: Er bekundet die Säkularisierung von Staat, Recht und Politik, er paßt in ein Klima aufgeklärter Rationalität (im Gegensatz etwa zum ›Abendland‹), und er ist ein Zeitgenosse der Kategorie ›Nation‹ sowie (wegen des zivilisatorischen Gehalts, der ihm seit den Tagen Enea Silvios zukommt) der Kategorien ›Kultur‹ und ›Bildung‹.

## 2. Kapitel: **Bildung, Allgemeinbildung**

Die Wörter ›bilden‹, ›Bildung‹ entstammen der Wurzel ›bil‹, die soviel wie ›behauen‹, ›glätten‹ bedeutet. Der Leitbegriff der modernen Pädagogik hat also einen ähnlichen Ursprung wie das lateinische Wort eruditio, das sowohl den ›Unterricht‹ als auch dessen Ergebnis, die ›Bildung‹, die ›Gelehrsamkeit‹ bezeichnet; eruditio ist von rudis, ›roh‹, abgeleitet, bedeutet somit eigentlich ›Entrohung‹.

Man hat dem Begriff ›Bildung‹ einen möglichst weit zurückreichenden Stammbaum zu geben versucht, indem man ihn bis auf die Mystik, auf Meister Eckhart (ca. 1260-1328), zurückführte, bei dem »inbilden« das ›Einbilden‹ des Bildes Gottes in die Seele des Menschen bezeichnet habe. Eine nüchternere Betrachtung wird für die heutige Bedeutung lediglich die Entwicklung für erheblich halten, die im 18. Jahrhundert stattgefunden hat. ›Bildung‹ bezeichnete, ganz im Sinne des jetzt noch üblichen Gebrauchs von ›etwas bilden‹, die technische Herstellung, die künstlerische Formgebung eines Artefakts; es diente auch, in einer ersten Stufe der Übertragung, dazu, auf die äußere Erscheinung eines Menschen, insbesondere seines Gesichts, hinzuweisen. Zum Terminus technicus der Pädagogik wurde das Wort vor allem durch Herder und sodann durch Pestalozzi und Wilhelm von Humboldt.

›Bildung‹ ist wie alle Substantive mit der Endsilbe -ung doppeldeutig: Es bezeichnet sowohl den Prozeß des Bildens als auch dessen Resultat, das Gebildetsein. Die technische Verwendung im Munde von Pädagogen zielt offenbar hauptsächlich auf die aktive Komponente, das Bilden, weil dies ja die Aufgabe des Erziehers ist. Der allgemeine Sprachgebrauch hingegen scheint es eher auf das Ergebnis abgesehen zu haben: Er denkt vornehmlich an die Bildung, d. h. an das Gebildetsein derer, die eine bestimmte Schulbildung genossen haben. Die pädagogische Reflexion über Bildung konzentriert sich auf die psychischen Prozesse, die in einem jeden, der gebildet wird, stattfinden, und deren Bedingungen. Die Allgemeinheit wiederum hat vor allem die nach außen hin wirkende Seite der Bildung im Blick: die gesellschaftliche Stellung, die sie ihrem Träger ermöglicht.

Die Pädagogen pflegen die äußere Seite der Bildung wenig zu schätzen; sie weisen zu Recht darauf hin, in welchem Maße das Wort als Bezeichnung purer, keinerlei Substanz mehr enthaltender Konventionen dienen kann – »gebildet ist« (so umschreibt Friedrich Paulsen in einem Lexikonartikel aus dem Jahr 1903 diese Auffassung), »wer nicht mit der Hand arbeitet, sich richtig anzuziehen und zu benehmen weiß, und bei allen Dingen, von denen in Gesellschaft die Rede ist, mitreden kann.«[1] Gleichwohl kann es in diesem Zusammenhang nur um die äußere Seite gehen: nicht um den Bildungsprozeß (die Erziehung, den Unterricht), sondern um ein bestimmtes Resultat, das auf bestimmten Bildungsinhalten und Bildungsmitteln beruht.

Es geht also um Bildung als Bildungsbesitz, als Status, als die Fähigkeit, am Wesentlichen des europäischen Erbes, der europäischen Kultur Anteil zu nehmen, und zwar nicht nur im Sinne des Aufnehmens und Reproduzierens, sondern auch im Sinne des Umprägens und Weitergebens. Hierbei kann man schwerlich umhin, an eine Unterscheidung zu erinnern, die so alt ist wie das Bürgertum selbst, dessen Bildungskanon hier zur Debatte steht: an die Unterscheidung zwischen Gebildeten und Ungebildeten. Sie setzte sich im 18. Jahrhundert durch und beanspruchte seither größeres Gewicht als alle die Einteilungen der europäischen Menschheit, die bis dahin den Primat innegehabt hatten, als die von Adel und Bürgern, von Klerikern und Laien, von Christen und Juden, von Katholiken und Protestanten: Die ›Gesellschaft‹ bestand im bürgerlichen Zeitalter aus Gebildeten, und die Ungebildeten waren von ihr ausgeschlossen.

An einem Kern dieser jetzt nicht mehr gültigen Verkrustung wird man wohl festhalten müssen: Teilhabe an der Kultur ist heutzutage weniger denn je Sache des Brauchtums, der unreflektierten Tradition; sie bedarf des Lernens, der Kenntnisse, der Reflexion – kurz: der Bildung. Man macht sich etwas vor, wenn man aus sozialem Impetus auch den Bauern oder Arbeiter, mag er noch nie etwas von Platon oder Kant, von Homer oder Goethe, von Michelangelo oder Rembrandt, von Bach oder Beethoven usw. gehört haben, zu einem Gebildeten erklärt, vorausgesetzt, er weiß sich in seiner Umwelt zurechtzufinden[2] – derart ausufernde Definitionen laufen auf ein Quidproquo hinaus; sie setzen, mit Aristoteles zu reden, dianoetische und ethische Tugenden in eins, sie vereinnahmen einen intellektuellen Habitus für moralische Qualitäten und Bindung an die Tradition.

Herder hat in seiner Rede »Vom Zweck des Gymnasialunterrichts« (1786) gesagt: »Menschen sind wir eher, als wir Professionisten werden! Von dem, was wir als Menschen wissen [...], kommt unsere schönste Bildung und Brauchbarkeit für uns selbst her, noch ohne zu ängstliche Rücksicht, was der Staat aus uns machen wolle.«[3] Derlei Äußerungen sind Reflexe jener umfassenden Kulturkritik, die von Rousseau ausging und in Schillers *Briefen über die ästhetische Erziehung* einen Höhepunkt erreichte – in jenen Briefen, die sich mit Leidenschaft gegen die Verkümmerung des Menschen durch die Professionalisierung wenden und die Entfaltung aller in der menschlichen Natur vorhandenen Anlagen zum einzigen wahren Ziel erzieherischen Bemühens erklären. In pädagogische Termini umgemünzt, läßt sich diese Kritik auf die Formel ›Allgemeinbildung contra Berufsbildung‹ bringen, eine Formel, die das pädagogische Denken, wenn auch in verschiedener Bewertung, bis zur Gegenwart durchzieht. Sie war konstitutiv für die Bildungsreformen Wilhelm von Humboldts, und so liegt es nahe, zunächst einen kurzen Blick auf dessen diesbezügliche Vorstellungen zu werfen.

Humboldt hat das dreistufige System von Lehranstalten, von Elementarschule, Gymnasium und Universität, wenn nicht erfunden, so doch nach Kräften zu verbreiten und durchzusetzen gesucht. Hierbei ging er vor allem gegen die überkommenen Standes- und Berufsschulen vor; zur Begründung ließ er sich einmal wie folgt vernehmen: »Alle Schulen [...], deren sich nicht ein einzelner Stand, sondern die ganze Nation, oder der Staat für diese annimmt, müssen nur allgemeine Menschenbildung bezwecken. Was das Bedürfnis des Lebens oder eines einzelnen seiner Gewerbe erheischt, muß abgesondert, und nach vollendetem allgemeinen Unterricht erworben werden. Wird beides vermischt, so wird die Bildung unrein, und man erhält weder vollständige Menschen, noch vollständige Bürger einzelner Klassen.«[4] Humboldt war also bestrebt, die Schultypen aus dem öffentlichen Unterrichtswesen zu verbannen, welche innerhalb der Nation eine Besonderung, sei sie ständischer oder beruflicher Art, zu fördern schienen; sein Verdikt traf die damals existierenden preußischen Kadettenhäuser ebenso wie die zwischen Volksschule und Gymnasium stehenden Mittelschulen mancher Städte.

Humboldts Idee eines dreistufigen allgemeinen Schulwesens zielte nicht auf gleiche Bildung für alle – um dies zu verdeutlichen, versah er in der zitierten Partie den zweiten Bildungszweck – »vollständige Bürger« – mit dem Zusatz »einzelner Klassen«. Die Stufen des Humboldtschen Systems waren demgemäß so eingerichtet, daß sie jeweils zwei Zielen zugleich zu dienen vermochten: Sie sollten einerseits die für die nächsthöhere Stufe erforderlichen allgemeinen Kenntnisse und Fertigkeiten vermitteln und andererseits den Zugang zu je verschiedenen Formen des praktischen, des Erwerbslebens eröffnen. Jeder, der eine Stufe mit Erfolg absolviert hatte, stand vor der Alternative, sich entweder auf das Erwerbsleben vorzubereiten oder in die nächsthöhere Stufe des allgemeinen Schulwesens einzutreten.

In die Elementarschule führte Humboldt die Lehrmethoden des Schweizer Pädagogen Pestalozzi ein, da sie in ihrer liberalen Haltung mit seinen eigenen Überzeugungen von Wissensvermittlung übereinstimmten. Die wichtigsten Gegenstände des Elementarunterrichts waren wie seit eh und

Wilhelm von Humboldt
(1767-1835)
Zeichnung von Joseph Schneller

je Lesen, Schreiben und Rechnen. Diese Techniken sollten indes, wie Humboldt hervorhebt, ohne Rücksicht auf die »Art des Bezeichneten«[5] (also abstrakt) eingeübt werden: mit Beschränkung auf die Muttersprache, aber allgemein und ohne Bevorzugung bestimmter, etwa religiöser oder berufsspezifischer Verwendungsweisen.

Die nachhaltigsten Wirkungen hat Humboldt beim Gymnasium, bei der ›gelehrten Schule‹, hinterlassen. Er gilt geradezu als der Schöpfer dieses Typs, der das bürgerliche Zeitalter ganz Europas begleitet hat. Auch hier kam es Humboldt wie bei der Elementarschule darauf an, daß nach Möglichkeit nur Allgemeines vermittelt wurde, d. h. das Gymnasium sollte zur Hochschulreife führen, ohne die Studiengänge der Universität vorwegzunehmen. Diesem Zweck diente die Beschränkung auf drei Felder, auf die Mathematik, die alten Sprachen und die Geschichte. Der Schüler sollte sich mit diesen Gegenständen sowohl ein Grundwissen aneignen als auch das Lernen selbst erlernen, damit er an der Universität imstande sei, sich aus eigenem Antrieb um den Erwerb der für seinen künftigen Beruf erforderlichen Kenntnisse zu bemühen.

Humboldt war es also darum zu tun, daß der gymnasiale Unterricht durchweg allgemeinbildend, nicht berufsspezifisch sei. So sollte es beim Mathematikunterricht nicht auf die Anwendungsmöglichkeiten, wie sie sich etwa durch eingekleidete Aufgaben illustrieren lassen, sondern auf die mathematischen Operationen an sich ankommen. Den alten Sprachen wiederum wies Humboldt die Rolle zu, den Schüler zu befähigen, »sich in jede gegebene Sprache, nach seiner allgemeinen Kenntnis von Sprachbau überhaupt, leicht und schnell hineinzustudieren«[6].

Friedrich Paulsens erwähnter Lexikonartikel »Bildung« (gemeint ist die allgemeine Bildung; die seit der Goethezeit geläufige Gegeninstanz ›Berufsbildung‹ wird vorausgesetzt, aber nicht entfaltet) definiert den gebildeten Menschen – ganz im Sinne des Idealismus – als jemanden, »in dem durch

Erziehung und Unterricht die menschliche Anlage zu einer das menschlich-geistige Wesen rein und voll darstellenden individuellen Gestalt entwickelt ist«. Diese abstrakte, von der Geschichtlichkeit aller menschlichen Existenz absehende Bestimmung wird durch die Aussage ergänzt, daß die Bildung eines Menschen die Fähigkeit zu voller und allseitiger Teilnahme am geistig-geschichtlichen Leben seines Volkes und seiner Zeit sei, oder noch anspruchsvoller, daß ein Gebildeter mit klarem Blick und sicherem Urteil zu den Gedanken und Ideen, zu den Lebensformen und Bestrebungen seiner geschichtlichen Umgebung Stellung zu nehmen wissen müsse.[7]

Beide Definitionen sind stark gegenwartsbezogen, wie denn überhaupt die historische Tiefendimension, das kulturelle Erbe, zu kurz zu kommen scheint; immerhin werden an späterer Stelle die Schöpfungen der Griechen und Römer, die die Ausgangspunkte unseres Kulturlebens seien, als Gegenstände des gymnasialen Unterrichts erwähnt. Wenig berücksichtigt hat Paulsen weiterhin die ästhetische Komponente der allgemeinen Bildung, wie denn auch sonst in der einschlägigen pädagogischen Literatur von der Schulung des Geschmacks, von der Steigerung der Fähigkeit, künstlerische Erzeugnisse wahrzunehmen, kaum die Rede ist – die Kategorie des geistigen Genusses als eine besondere, von Bildungsvoraussetzungen in hohem Maße abhängige Möglichkeit des Menschen scheint gänzlich verpönt zu sein.

Humboldt und seine Zeitgenossen hatten an die Perfektibilität des Menschen geglaubt, und so waren sie mutig genug gewesen, mit ihrer Bildungsprogrammatik in die Zukunft auszugreifen. Paulsen wiederum registrierte zwar die Veräußerlichung des Bildungsbegriffs in der wilhelminischen Gesellschaft, begnügte sich jedoch im übrigen damit, seine Bestimmungen und Forderungen als etwas Vorhandenes oder Erreichbares hinzustellen.

Dieser Phase folgte nach dem Zweiten Weltkrieg eine Wende zu düsterer gestimmten Betrachtungen. Theodor

Litt erklärte im Jahre 1947 – in einem Vortrag mit dem Titel »Berufsbildung und Allgemeinbildung« –, wenn man Bildung als die Fähigkeit definiere, sogenannte Kulturgüter verstehend aufzunehmen, planvoll zu pflegen, dem Bewußtsein der Lebenden gegenwärtig zu halten und an die Nachwachsenden zu überliefern, dann dürfe man sich trotz der kriegsbedingten Verluste noch stets ›gebildet‹ nennen; wenn man sie jedoch für eine ›innere Form‹ halte, für eine hierdurch bedingte Seelenhaltung, die in den Stürmen des Daseins einen festen Stand verleihe, dann sei sie – infolge der deutschen Katastrophe – gänzlich dahin.[8] Derartigen Betrachtungen wurde in jener Zeit des öfteren Ausdruck verliehen, und die Klage über die NS-Zeit verdichtete sich zum Topos vom Versagen der humanistischen Bildung – wobei man wieder, wie Paulsen und andere ein halbes Jahrhundert zuvor, eine im wesentlichen intellektuelle Zurüstung als moralischen Status betrachtet wissen wollte.

Als aber in den Jahrzehnten nach dem Zweiten Weltkrieg die bürgerliche Bildung, wie sie hier verstanden wird – als Inbegriff von Kenntnissen und Kennerschaft, bezogen auf die europäische Kultur –, zu zerbröckeln und zu verfallen begann, schärfte das Gewahrwerden des Verlustes den Blick für ein anderes, nicht ein erhofftes oder gefordertes, sondern ein tatsächlich vorhandenes Merkmal der schwindenden gebildeten Schicht. Walter Jens erhielt viel Beifall, als er 1971 in einem Vortrag auf dieses bis dahin wenig beachtete Merkmal hinwies: auf die kommunikativen Fähigkeiten der Gebildeten, auf die die Verständigung mit dem Wort erleichternde Funktion der Bildung. Jens sagte: »Ein scheinbar befremdlicher, in Wahrheit plausibler Gedanke: das Pantheon des 19. Jahrhunderts, bevölkert von Männern, zwischen denen es im Raum der Politik keine Gemeinsamkeit gab, [...] deren Lehren sich diametral unterschieden, und alle hatten genau die gleiche Bildung genossen, alle die gleichen Texte gelesen: das gab ihnen die Möglichkeit, sich einander noch in schroffster Gegnerschaft auf gemeinsamer Basis verständlich zu machen.«[9]

Selten ist der Prägestock der Bildung, der bis zum Beginn des 20. Jahrhunderts das gesamte Bürgertum Europas – Engländer, Franzosen und Deutsche, Konservative, Liberale und Sozialisten, Pfarrer, Ärzte und Ingenieure – formte, so nachdrücklich beschworen worden. Der Hauptgedanke des Vortrags von Jens zielt allerdings in eine andere Richtung: Die bürgerliche Bildung sei nicht erst, wie Litt angenommen hatte, im Zeitalter der Weltkriege ihrer Substanz verlustig gegangen, sie habe vielmehr – jedenfalls in Deutschland – schon um die Mitte des 19. Jahrhunderts ihren politischen, freiheitlichen, ›jakobinischen‹ Impetus eingebüßt und sei schon damals zu einer apolitischen, eskapistischen, ästhetisierenden Ideologie verkommen. Dieses Urteil gibt, wenn auch pointiert, den tatsächlichen Verlauf der Dinge wieder.

### 3. Kapitel: **Kanon, Klassik, Klassizismus**

Es gibt Wörter, deren Bedeutungen wie Sedimente kulturgeschichtliche Entwicklungsphasen angeben; zu ihnen scheint ›Kanon‹, griechisch κανών, zu gehören. Das Wort ist semitischer Herkunft; es bezeichnet z. B. im Buch Hesekiel, in der prophetischen Beschreibung des neuen Tempels, eine Meßrute und bei Jesaja einen Waagbalken.[1]

Als griechische Grundbedeutung wird ›gerades Rohr‹, ›gerade Stange‹ angenommen. Man möchte also meinen, daß die neuzeitliche Kanone von dorther ihren Namen hat – doch die soll nach lateinisch canna, ›Rohr‹, so heißen, einem Wort, das die Experten nicht mit κανών in Zusammenhang bringen. Bei Homer, in der *Ilias*, werden die an der Innenseite des Schildes angebrachten Querhölzer ›Kanones‹ genannt oder, als Terminus technicus der Weberei, der Stab, an dem der Einschlag befestigt ist und mit dem man ihn durch die Kette befördert.[2] Dann aber schwenkte auch der griechische Gebrauch auf den hebräischen des Messens ein: ›Kanon‹ figuriert seit klassischer Zeit als Waagbalken, Lot, Richtscheit, Lineal.

Der Weg zur übertragenen Verwendung im Sinne von ›Maßstab‹, ›Regel‹, ›Vorschrift‹ war nicht weit; zu deren Verbreitung wird der Bildhauer Polyklet (zweite Hälfte des 5. Jahrhunderts v. Chr.) nicht wenig beigetragen haben, der seine kunsttheoretische Schrift über die Proportionen des menschlichen Körpers »Kanon« betitelte. Auch in der Musik bürgerte sich das Wort schon bei den Griechen ein; es bezeichnete zunächst ein Monochord, ein nur mit einer Saite versehenes Instrument, dann auch das Tonsystem. Die beliebte Musizierform mit mehreren gleichen, aber nacheinander einsetzenden Stimmen scheint im Mittelalter in England aufgekommen zu sein.

So könnte man fortfahren (auch in der Logik hatte der ›Kanon‹ einen Part, und die von Schülern so gefürchteten Flexionstabellen hießen ebenfalls ›Kanones‹) – hier aber geht es vor allem um die Rolle des ›Kanons‹ in der Literatur. Da steht der neutestamentliche Gebrauch am Anfang der Entwicklung: Paulus verwendet das Wort im Sinne von ›Richtschnur für den Glauben‹, ›Glaubensregel‹.[3] Dann, wohl vom 2. Jahrhundert an, wurden die Beschlüsse kirchlicher Organe, die über Fragen des Glaubens befanden, als ›Kanones‹ bezeichnet; aus ihnen erwuchs das kanonische, das kirchliche Recht.

Um das Jahr 350 bezeichnete der Ausdruck zum ersten Male die Gesamtheit der Schriften, die gültig sein, die das Neue Testament ausmachen sollten; im Jahre 367 findet man zum ersten Male die 27 Texte aufgezählt, aus denen das Neue Testament noch heute besteht. Der Gedanke selbst ist viel älter; man hatte sich schon seit Jahrhunderten darum bemüht, die Spreu vom Weizen zu trennen und jene alt- und neutestamentlichen Schriften auszusondern, die als unverfälschte Zeugnisse vom Wort Gottes gelten sollten. Hierfür also kam um die Mitte des 4. Jahrhunderts das Wort ›Kanon‹ in Gebrauch, und was nicht in diesen Kanon des Alten und des Neuen Testaments einging, wurde ›apokryph‹ (›geheim‹, ›untergeschoben‹, ›unecht‹) genannt.

Die Übertragung von einem Inbegriff biblischer Schriften auf einen Inbegriff mustergültiger profaner Autoren fand erst im 18. Jahrhundert statt; sie war eine Tat des Leidener Philologen David Ruhnken. Dieser Gelehrte hatte festgestellt, daß auch bei der vorchristlichen, der antiken Literatur das Prinzip selbst sehr alt war – dort hatte man schon in hellenistischer Zeit auf Grund formaler Kriterien zwischen ›echt‹ und ›unecht‹, zwischen ›vorbildlich‹ und ›nicht vorbildlich‹ unterschieden. So ist überliefert, daß von den Rednern Athens zehn, von den Tragikern drei (diejenigen, von denen Stücke erhalten sind) und von den Lyrikern neun für verbindlich (als Schullektüre oder für neue literarische Produktionen) erklärt wurden.

Deshalb hielt Ruhnken sich für berechtigt, den Kanon-Begriff auch für antike Autoren nutzbar zu machen. Er hatte hierbei gewiß auch im Auge, daß der wichtigste dieser Kanones, der für die griechische Kunstprosa maßgebliche Kanon der zehn attischen Redner (auch er befand, wie der Kanon der drei Tragiker, darüber, was erhalten blieb und was nicht), von ähnlicher Stabilität war wie der biblische Kanon: Er umfaßte gleichsam ewige Werke, die ein für allemal exemplarische Literatur – über anderthalb Jahrtausende hinweg, vom Beginn der römischen Kaiserzeit bis zum Untergang von Byzanz.

Von der Stabilität der antiken Literaturkanones haben sich die modernen des 19. und 20. Jahrhunderts immer weiter entfernt: Je dichter die verschiedenen Stilrichtungen und Avantgarden einander folgten, desto häufiger kam es zu immer neuen Kanonbildungen, verbunden mit gleichzeitigen Dekanonisierungen des jeweils Vorangehenden. Man kann jetzt geradezu behaupten, daß der Begriff zwar das Merkmal ›maßgebliche Auswahl aus dem Vorhandenen‹ bewahrt hat, daß ihm indes das zusätzliche Merkmal ›die für immer, jedenfalls für eine sehr lange Zeit gültig bleibt‹ verloren gegangen ist.

Schließlich mag noch eine Bemerkung zum Titelwort dieses Buches, zum Bildungskanon, am Platze sein: Bei ihm handelt es sich allem Anschein nach um eine Neuprägung, um eine Ausweitung des Ausdrucks ›Literaturkanon‹ auf alle jene Bereiche der Kultur, die Eingang in das Programm der Bildung, der Schulbildung zumal, gefunden haben.

Hiermit könnte diese Wortskizze ein rasches Ende finden, wenn es nicht noch den Ausdruck ›Klassik‹ gäbe. Er ist mit dem ›Kanon‹ geschwisterlich verwandt; er zeigt Gemeinsamkeiten mit ihm, aber auch Unterschiede. Er verweist, wie der ›Kanon‹, auf Erlesenes, Mustergültiges, und er impliziert, daß diese Mustergültigkeit stabil sei, daß sie über eine uneingeschränkte Dauer hin anerkannt werde. Er hat jedoch keinerlei Wurzeln in der religiösen Überlieferung; er war vielmehr von Anfang an mit der profanen Literatur verbunden und erstreckte seine Kompetenz von hier aus auf die übrigen Künste. ›Klassik‹ ist primär ein ästhetisches Werturteil: Allem Klassischen eigneten, jedenfalls zunächst und für lange Zeit, die Kennzeichen des Maßvollen, der gegliederten Einheit, der Harmonie.

Der Ausdruck selber stammt von einem römischen Spätling, dem rückwärtsgewandten, auf die Anfänge der römischen Literatur blickenden Autor Gellius (zweite Hälfte des 2. Jahrhunderts n. Chr.). Einer seiner Essays gilt der Frage, ob man von bestimmten Substantiven wie ›Sand‹, ›Himmel‹ oder ›Weizen‹ einen Plural bilden könne und ob es nicht andere Wörter gebe, bei denen wiederum der Singular problematisch sei. »Seht nach«, heißt es in einem von Gellius wiedergegebenen Gespräch, »ob jemand das Wort quadrigae (›Viergespann‹) im Singular oder das Wort harena (›Sand‹) im Plural verwendet, jemand aus der Schar der älteren Redner oder Dichter, d. h. ein ›zur ersten Steuerklasse gehöriger‹ und ›ansässiger‹ Schriftsteller, keiner, ›der nur durch seine Kinder zählt‹« (id est classicus adsiduusque aliquis scriptor, non proletarius).[4] Das römische Steuersystem mit seinen Klassen sowie das Bürgschaftsrecht, das nur einen Ansässigen, Besitzenden als tauglich anerkannte, dienten als Analogie für eine Rangordnung der Schriftsteller: Bestimmte Autoren – eben die ›klassischen‹ – erfreuten sich eines besonderen Ansehens und einer besonderen Autorität, und kraft dieser Autorität ergaben sich aus ihren Werken die Normen für richtiges Sprechen und Schreiben.

Der Kanon der zehn attischen Redner des 4. Jahrhunderts v. Chr., so wurde festgestellt, galt anderthalb Jahrtausende in der griechischen Welt als Stilmuster; er bewirkte, daß sich die wirklich gesprochene, die sogenannte Volkssprache, immer weiter von der Sprache der Gebildeten, der ›reinen‹ Sprache entfernte. Diese Spaltung ist eine Folge der klassizistischen Wende, die sich zur Zeit des Augustus vollzog: Man lehnte die Entwicklung, die Sprache und Literatur in nachklassischer, hellenistischer Zeit genommen hatten, als Niedergang, als Verfall ab und griff auf die dem Niedergang vorausliegende Epoche zurück, um durch deren Nachahmung die einstige Vollkommenheit wiederherzustellen. Dies war in der antik-europäischen Tradition das erste Beispiel für den Dreischritt ›einstige Größe – Verfall – Erneuerung der einstigen Größe‹, ein Denkbild, das in der Sache (noch lange nicht in der Terminologie) zwei Kategorien von Epochen zugleich hervorbrachte: die vorbildliche Klassik und den an dem Vorbild sich orientierenden Klassizismus. Der Traktat »Über die alten Redner«, den der Literat Dionysios von Halikarnass zur Zeit des Augustus verfaßte, ist die Geburtsurkunde der griechischen Klassik aus dem Geiste der Rückwendung zu einem Ideal der Vergangenheit, aus dem Geiste des Klassizismus.

Die wichtigste Dublette zu diesem Vorgang fand im Zeitalter der Renaissance statt: Auch die Humanisten lehnten die Entwicklung, die (bei ihnen: die lateinische) Sprache und Literatur während der vorausgehenden Zeit, im Mittelalter, genommen hatten, als Verfall ab und griffen auf eine weit entfernt liegende Epoche, auf die Antike zurück, um durch deren Nachahmung die einstige Größe zu erneuern. In ihrem Falle war der Vollzug des Dreischritts so erfolgreich, daß aus

Platte aus dem Parthenonfries (Ostseite),
mit Poseidon, Apollon und Artemis (um 440 v. Chr.)
Athen, Akropolismuseum

ihm das Schema hervorging, das der Gliederung der europäischen Geschichte dient: ›Antike – Mittelalter – Neuzeit‹.

Dem Mittelalter war die Kategorie ›klassisch‹ offenbar fremd; erst mit der Renaissance erwachte sie zu neuem Leben. Ein exemplarisches Zeugnis des Humanisten Budaeus spricht von auctores classici und bestimmt sie als diejenigen Schriftsteller, die in classibus, in den Schulklassen gelesen werden[5] – die Gleichsetzung von Klassikern und Autoren der Schullehrpläne läßt sich bis zum Ausgang des 19. Jahrhunderts verfolgen. Auch nicht-antike Schriftsteller konnten von der Mitte des 16. Jahrhunderts an mit dem Prädikat ›klassisch‹ bedacht werden; aus dieser Übertragung gingen schließlich die ›Klassiker‹, die ›Goldenen Zeitalter‹ der europäischen (der französischen, spanischen oder deutschen) Literaturen und Künste hervor.

Doch noch war es nicht üblich, ganze Epochen als ›klassisch‹ zu charakterisieren. Diesen Sprung tat die Entwicklung erst um die Wende vom 18. zum 19. Jahrhundert – damals gewöhnte man sich daran, die griechisch-römische Antike in ihrer Gesamtheit für ›klassisch‹ zu befinden. Die nächste Stufe folgte wenig später: Der Klassik-Romantik-Disput bewirkte offenbar, daß man nun in derselben Weise bestimmte Epochen der europäischen Geschichte, das Zeitalter der Medici oder Ludwigs XIV., ›klassisch‹ nannte. Das Substantiv ›Klassik‹, eine deutsche Sonderprägung (Engländer, Franzosen und Italiener kennen nur den Begriff ›classicism‹, ›classicisme‹, ›classicismo‹), kam erst kurz vor der Mitte des 19. Jahrhunderts auf. Der letzte Schritt bestand darin, daß man nunmehr auch gewissen Epochen der antiken Literaturen die Bezeichnung ›klassisch‹ zubilligte – zu einer Zeit, da man es sich abgewöhnt hatte, die Antike in toto für ›klassisch‹ zu halten.

Die Entwicklung ging also wohl so vor sich (um den nicht unkomplizierten Sachverhalt zu resümieren), daß zunächst einzelne antike und dann auch neuzeitliche Autoren als

Athenaeum,
mit Pallas Athene von Edward H. Baily
und Parthenonfries von John Henning
London, Pall Mall, 1830

Die Kopie der drei auf Seite 40 gezeigten Figuren befindet sich
oberhalb der linken Seite des rechten Fensters

›klassisch‹ galten; weiterhin – etwa ab 1800 – versah man die Antike im ganzen mit diesem Titel; dann wurden die Gipfel-Epochen der Neuzeit ›klassisch‹ geheißen; und zuletzt kehrte dieser neue, auf einzelne Epochen bezogene Klassik-Begriff in die Antike zurück, indem man sich daran gewöhnte, auch dort bestimmte Perioden kultureller Blüte, insbesondere das perikleische und das augusteische Zeitalter, mit dem Titel ›klassisch‹ auszuzeichnen.

# II. TEIL: DIE VORAUSSETZUNGEN

## 4. Kapitel: Die Rezeption der Antike im neuzeitlichen Europa

Der Begriff ›Rezeption‹ ist erst seit wenigen Jahrzehnten Gemeingut aller literatur- und kunstwissenschaftlichen Fächer. Er bezeichnet die Aufnahme von Kunstwerken durch das Publikum, sowohl die vom jeweiligen Urheber intendierte (Rezeptionsästhetik) als auch diejenige, die tatsächlich stattgefunden hat (Rezeptionsgeschichte). Er dient außerdem als allgemeiner Ausdruck für die Wanderung und Ausbreitung beliebiger Kulturgüter, vom Handwerk bis zu Religion und Philosophie. Seine Reichweite erstreckt sich von der Wirkung eines einzelnen Kunstwerks bis zum Inbegriff aller Folgen, welche eine ganze Kultur für eine andere, z. B. die antike für die europäische, gehabt hat.

Rezeptionsprozesse haben schon innerhalb des Altertums selbst stattgefunden; das eindrucksvollste Beispiel hierfür ist die Übernahme der griechischen Kultur durch die Römer. Denn was die Antike vom Orient unterschied – die Möglichkeit, die Welt rational, mit Hilfe der Mathematik und der Physik zu beschreiben, Formen des staatlichen Zusammenlebens, die viele an der Macht teilhaben ließen, die Hauptgattungen der Literatur und vieles andere –, hatten die Griechen entdeckt. Die Römer hingegen schlugen im wesentlichen nur auf dem Felde der Staats- und Verwaltungskunst, insbesondere des Zivilrechts, eine selbständige Bahn ein (so ist denn das Corpus Juris ihre wichtigste Hinterlassenschaft an Europa, ja an die Menschheit); im übrigen eigneten sie sich, ohne hierbei ihre überkommene Identität, ihre Sitten und ihre Sprache ernstlich aufs Spiel zu setzen, die Leistungen der Griechen an. Zwar übernahmen schon während der Antike auch andere Völker aus der Nachbarschaft griechische Errungenschaften – doch nur bei den Römern war die Übernahme lückenlos.

Die christlich gewordene griechisch-römische Kultur hat die Antike, die Epoche also, die man jetzt mit dem 6. oder 7. Jahrhundert enden zu lassen pflegt, auf vielfache Weise überdauert. Die Katastrophe der Völkerwanderung führte zu schweren Einbußen, nicht jedoch zu völligem Untergang, und Kontinuität (die Parallelinstanz der Rezeption) blieb teils offen, teils latent, d. h. als in Büchern gespeichertes Reservoir des Wissens, gewahrt. Deren Hauptpfeiler waren während des Mittelalters im Osten das byzantinische Reich und im Westen die Kirche; diese beiden Institutionen sicherten bis zum Beginn der Neuzeit unter anderem die für geistige Rezeptionsprozesse erforderliche Infrastruktur eines ungestörten Schrift- und Buchwesens.

Die griechische Kultur, die seit hellenistischer Zeit auf den Vorderen Orient ausgestrahlt hatte, gelangte zu Beginn des Mittelalters in der Form, die sie durch die Christianisierung erhalten hatte, auch an die Völker des Islam, insbesondere an die Araber. Dieser herausragende Fall einer Rezeption über Zeit und Raum hinweg zeigt die Eigentümlichkeit einer lediglich partiellen Übernahme. Denn die christliche Religion mitsamt der durch sie geprägten Literatur blieb gänzlich ausgeschlossen, desgleichen die gesamte – auch die heidnische – Dichtung sowie die Geschichtsschreibung. Hier hinderte eine rigorose, durch den Gegensatz der Religionen bedingte Rezeptionsbarriere die vollständige Übernahme. Die Araber machten sich lediglich die griechische Philosophie und die griechischen Wissenschaften zu eigen, dies jedoch mit einer Gründlichkeit, die ihresgleichen sucht.

Der Übergang der griechisch-römischen Kultur auf die germanischen Völker war der komplizierteste und folgenreichste Rezeptionsprozeß der antik-europäischen Geschichte. Grob vereinfachend kann man hierbei zwei Hauptstufen unterscheiden: die Übernahme des der Lebenspraxis Dienenden, des Materiellen und Zivilisatorischen (wie der lateinischen Sprache, des Urkundenwesens, der Verwaltung), sowie

*Römische Literatur, Rezeptionsphasen:*

| Bis ca. 250 v. Chr. | I. | Rezeption der Zivilisation (Religion und sakrale Kunst, Luxusgüter, Schrift, Maße, Münze, Elementarschule) |
| Ab ca. 250 v. Chr. | II. | Rezeption der literarischen Kultur (Philosophie, Wissenschaften, Dichtung) |
| 250 – 80 v. Chr. | | a) Phase der unselbständigen Übernahme (Übersetzungen) = Vorklassik |
| 80 v. Chr. – 0 | | b) Phase der selbständigen Aneignung = Klassik |
| 0 – 250 n. Chr. | | c) emanzipierte, ›moderne‹ Phase = Nachklassik |

*Spiegelbildlichkeit des Rezeptionsprozesses:*

Griechen: { 800 – 300 v. Chr.   Klassik
           { ab 300 v. Chr.     Nachklassik (Hellenismus)

Römer:    { bis 80 v. Chr.      Vorklassik
          { ab 80 v. Chr.       Klassik

*Europäische Kultur, Rezeptionsphasen:*

| Kirche: Kontinuität | Bis 650 (zugleich: Spätantike) | I. | Rezeption der Zivilisation (zugleich Kontinuität) (Religion, sakrale Kunst, lateinische Sprache, Urkundenwesen, Verwaltung) |
| | Ab 750 | II. | Rezeption der literarischen Kultur (Theologie, Philosophie, Historiographie, Artes liberales, Dichtung) |
| | 750 – 1050 | | a) Phase der unselbständigen Übernahme (Kompilationen, Exzerpte, Übersetzungen) |
| | 12. – 19. Jh. | | b) Phasen der selbständigen Aneignung |
| Araber → 12. – 14. Jh | | | 1. Hoch-, Spätmittelalter (Theologie, Philosophie) |
| Byzanz → 14. – 16. Jh. | | | 2. Renaissance (sämtliche Gattungen der Literatur) |
| | 17. – 19. Jh. | | 3. französische, deutsche Klassik (Dichtung) |

*Spiegelbildlichkeit des Rezeptionsprozesses:*

Antike: { Griechische Epoche
         { Hellenistisch-römische Epoche
         { Spätantike

Europa: { Mittelalter
         { Renaissance – Barock
         { deutsche Klassik

Versuch eines Schemas:
Rezeptionsprozesse in der antik-europäischen Tradition
Rezeptionsprozesse neigen zu Spiegelbildlichkeit:
Sowohl die Römer als auch die Europäer übernahmen die jüngsten
Schichten der rezipierten Kultur zuerst, die ältesten zuletzt

die Aneignung der geistigen Kultur. Die erste Stufe vollzog sich im Wesentlichen schon während der Spätantike (von ihr zeugt z. B. die Tatsache, daß die deutschen Bezeichnungen für die Teile des Hauses – Mauer, Keller, Dach – lateinischen Ursprungs sind).

Die zweite Stufe, das Vordringen in geistige Bereiche, vollzog sich sehr langsam und gleichsam in Wellen. Eine erste Phase fand in der Karolingerzeit statt; sie läßt sich als Periode eifrigen, jedoch noch verhältnismäßig unselbständigen Lernens charakterisieren. Vom Hochmittelalter an folgten mehrere Epochen souveräner, ganz von eigenen Intentionen gesteuerter Verwendungen des Rezipierten. Das Programm der Scholastik, die Durchdringung des christlichen Glaubens mit rationalen Mitteln, baute vor allem auf der aristotelischen Philosophie und der Theologie der Kirchenväter auf. Während der Renaissance erreichte die Übernahme der antiken Kultur ihren Höhepunkt und ihre volle Instrumentierung: Damals suchte man in allen Bereichen – in den bildenden Künsten und der Architektur, in sämtlichen Wissenschaften und allen Zweigen der Literatur – für die eigenen Zwecke dienstbar zu machen, was an Schriften und Monumenten aus der Antike überkommen war.

Hieran schlossen sich im 17. und 18. Jahrhundert noch die französische und die deutsche Klassik als die letzten Epochen an, für welche die Antike programmatische Bedeutung hatte. Jetzt machten sich allerdings, je später, desto mehr, die wissenschaftlichen und technischen Fortschritte bemerkbar, welche die berühmte Querelle des Anciens et des Modernes unter Ludwig XIV. zum ersten Male registriert hatte – Europa fühlte sich auf diesen Gebieten mündig, und die Mustergültigkeit der Antike beschränkte sich nunmehr auf die ästhetische Dimension, auf die Kunst und die Literatur.

Der Humanismus und die Renaissance, die »Wiederherstellung der Wissenschaften und Künste«, verbreiteten sich von Italien aus über ganz Europa, soweit dort das Lateinische als Sprache der Liturgie, der Gelehrsamkeit und des Verkehrs diente (die griechisch-orthodoxen Gebiete im Osten und Süd-osten wurden von der Bewegung nicht berührt); sie blieben für etwa anderthalb Jahrhunderte die maßgebliche, die ›moderne‹ Haltung zur Welt und zur menschlichen Existenz. Hier-bei fiel der Antike, der griechischen dem Grundsatz nach nicht weniger als der römischen, die beherrschende Rolle des in jeder Hinsicht verbindlichen Vorbilds zu. Man brach nicht mit dem Christentum und ließ auch die christlichen Autoren, wenngleich nicht ohne Ansehensverlust, noch gelten. Aber das Lebensgefühl hatte sich verändert. Man lehnte ab, was von Weltverachtung und Weltflucht zeugte, und sah in der Hinterlassenschaft der Antike präformiert, was man selber dachte; man billigte z. B., daß die antiken Texte sich mit Vor-stellungen begnügten, die der Vernunft zugänglich waren, und daß sie ihre Evidenz auf der Grundlage einer autonomen Moral zu erzielen suchten. Auch brachten die neuen, an der Antike sich orientierenden ästhetischen Maßstäbe manches in Verruf: die Kunst der Gotik nicht minder als das scholastische Latein – bis hin zur Schrift, der ›Antiqua‹, griff man über das Mittelalter hinweg auf die Urbilder der Antike zurück.

Die Texte der antiken Autoren waren von höchster Ak-tualität. Sie wurden teils aus den Klöstern hervorgeholt, teils aus Byzanz überbracht, und der soeben erfundene Buchdruck verschaffte ihnen eine bis dahin unbekannte Verbreitung. Die Humanisten sorgten für kritisch gereinigte, lesbare Ausgaben und entfalteten eine emsige Tätigkeit des Kommentierens.

Überdies wurden sie durch die antiken Werke zu reicher eigener Produktion angeregt, die sich auf alle Gattungen der Poesie und Prosa erstreckte und selbst das Drama wieder ins Leben rief – der Versuch, die attische Tragödie mit Chor und Musikbegleitung wiederzuerwecken, scheint als produktives Mißverständnis eine eigenständige Kunstform, die Oper, her-vorgebracht zu haben.[1] Die in üppiger Blüte sich ausbrei-tende neulateinische Literatur huldigte dem Prinzip der Na-turnachahmung als einer Norm, der man am besten durch die Nachahmung der Alten genügen zu können glaubte.

Auch für die Erfordernisse des Lebens diente die Antike als Muster: Man suchte aus den erhaltenen Werken der Fachwissenschaften zu rekonstruieren, was einst nicht in Bücher gebannte Theorie, sondern lebendige Praxis gewesen war. Der uomo universale der Renaissance machte nicht nur die Sprache, die Literatur und die bildenden Künste zum Gegenstand seiner auf die Erneuerung der Antike zielenden Bestrebungen, sondern auch die Mathematik, die Astronomie, die Medizin, die Mechanik und anderes.

Die auf die Antike zurückgreifende Kunstgesinnung der Renaissance zeichnete auch den nationalsprachlichen Literaturen Europas weithin die Bahnen vor, bis hin zur Goethezeit und zum epigonalen Klassizismus des 19. Jahrhunderts. Hierbei spielten die von den Humanisten wiederentdeckte *Poetik* des Aristoteles und die darauf basierende Dichtungstheorie eine wichtige Rolle. Die poetische Produktion Italiens, Frankreichs und anderer Länder wurde an Normen gemessen, die man von Aristoteles und anderen antiken Gewährsleuten ableiten zu können glaubte. Im italienischen Cinquecento stritt man vor allem um den Romanzo, das volkssprachliche Epos – schließlich ging es um die Frage, ob der stärker dem Mittelalter verpflichtete Ariost oder der mehr den klassischen Prinzipien huldigende Tasso den Vorzug verdiene. Im Frankreich des 17. Jahrhunderts gipfelten die Bemühungen um Ebenmaß und Regelhaftigkeit in der Doktrin von den ›drei Einheiten‹ (der Handlung, des Ortes, der Zeit), die man als angeblich aristotelische Richtschnur der führenden Gattung, dem Drama, zur Pflicht machte. Erst Lessing unternahm in der *Hamburgischen Dramaturgie* den Versuch, die Strenge der klassizistischen Normen aufzulockern, und bald darauf bereitete der »Sturm und Drang« dem poetologischen Aristotelismus ein jähes Ende.

Auf den Humanismus folgte nach einem etwa zweihundertjährigen Intervall der Neuhumanismus. Er war zunächst eine überwiegend deutsche Angelegenheit, zog jedoch bald, wie einst sein italienischer Vorgänger, ganz Europa – diesmal einschließlich des griechisch-orthodoxen Ostens – in seinen Bannkreis. Winckelmann verkündete als erster das neue Bild vom antiken Menschen, das sich – im Unterschied zum bisher Üblichen – ganz und gar auf die Griechen, zumal auf ihre Kunst, gründete, und die Weimarer Klassik verlieh dem hieraus abgeleiteten Ideal wahren Menschseins einen gewissen weltanschaulichen Rückhalt. Die von Friedrich August Wolf geschaffene Altertumswissenschaft löste die zu barocker Polymathie erstarrte überkommene Gelehrsamkeit ab; sie begann mit großem Elan, alle Lebensäußerungen der Griechen und Römer nach Maßgabe der Prinzipien der neuen historischen Hermeneutik zu erforschen. Aus den Reformen Wilhelm von Humboldts ging das humanistische Gymnasium hervor: eine Stätte, die sowohl das Weimarer Ideal als auch das von der Wissenschaft rekonstruierte Antike-Bild vermittelte.

Der pädagogische und wissenschaftliche Neuhumanismus war vom universalen italienischen Humanismus durch die Aufklärung getrennt; er spiegelte somit die tiefgreifenden Veränderungen, die sich während des 18. Jahrhunderts in Europa vollzogen hatten. Das Lateinische war seiner Rolle als europäisches Kommunikationsmittel auf immer verlustig gegangen; es gab seither nur noch das Ensemble miteinander wetteifernder nationalsprachlicher Literaturen. Die christliche Religion hatte sich, wie schon dargetan,[2] in den Augen der Besten jener Zeit durch die furchtbaren konfessionellen Konflikte als die ärgste Feindin ihrer eigenen Lehren erwiesen, und so setzte ein Säkularisationsprozeß ein, der sie mehr und mehr aus der öffentlichen Sphäre verdrängte. Die Philosophie, die erheblich an Einfluß gewann, lehrte autonome, von religiösen Voraussetzungen unabhängige ethische Prinzipien. Der Neuhumanismus zog aus allen diesen Entwicklungen die Konsequenzen: Das seiner praktischen Zielsetzung beraubte Latein wurde nunmehr als Ingrediens der Bildung gelehrt, und zur Konzeption der autonomen Persönlichkeit steuerte die neuhumanistische Lehre das Ideal des nicht im Speziali-

Friedrich August Wolf
(1759-1824)
Nach einem Porträt
von Johannes Wolff (1823)

stentum verkümmernden, alle seine Kräfte in angemessenen Proportionen entfaltenden Menschen bei.

Trotz der durch die Aufklärung bewirkten Zäsur blieb ein beträchtliches Maß an Kontinuität bewahrt. Das Gymnasium wurde geradezu, wenn auch nicht ohne Einseitigkeiten, zum Hüter einer europäischen Identität. Zwar verwarf man die Kunst und Literatur des Barock, ja die gesamte Produktion der Neulateiner, Erasmus nicht ausgenommen, und von der christlichen Tradition blieb im wesentlichen nur die Bibel unangetastet. Doch die klassische Antike, die zweite Großmacht der europäischen Bildung, wurde um so intensiver vermittelt. Sie dominierte daher im Kanon des bürgerlichen Allgemeinwissens: Die griechisch-römische Kultur, ihre Mythologie, Kunst, Literatur und Geschichte stellten den Löwenanteil all jener Zitate, mit denen der Bildungsbürger hantierte, und all jener Begriffe und Formeln, exemplarischer Situationen und Figuren, an denen er sich orientierte – vom ›Danaergeschenk‹ bis zum ›Pyrrhussieg‹, vom ›gordischen Knoten‹ bis zum ›archimedischen Punkt‹.

Die deutsche Klassik und der Neuhumanismus hatten aus der Antike, oder richtiger: aus dem Griechentum, ein in sich geschlossenes Bild abstrahiert, das allgemeine Anerkennung als verbindliches Menschheitsmuster forderte; der Griechenglaube der Goethezeit faßte die verschiedenen Bereiche der Rezeption von Antikem – die Kunst, die Literatur, die Wissenschaft, die Pädagogik – ein letztes Mal unter einem gemeinsamen Dach zusammen. Denn vom Beginn des 19. Jahrhunderts an drifteten die verschiedenen Formen der Antike-Rezeption auseinander, je nach den besonderen Absichten und Zielen derer, die sie pflegten.

Der pädagogische Humanismus erstarrte in der zweiten Hälfte des 19. Jahrhunderts zu Drill und Routine und verbündete sich mehr und mehr mit nationalistischen Strömungen. Zu Beginn des 20. Jahrhunderts war seine große Zeit vorbei; er verlor in den darauffolgenden Jahrzehnten erst langsam und dann rapide an Geltung.

In der Wissenschaft vom Altertum, die während des 19. Jahrhunderts in größtem Flor stand, zwang die wachsende Fülle des Materials und der Probleme zur Arbeitsteilung: Die Alte Geschichte und die Archäologie sonderten sich von der Grunddisziplin, der Philologie, ab. Das von Wolf zu Beginn des Jahrhunderts formulierte Programm hatte verlangt, daß man die Antike mit strenger Methode möglichst vollständig so rekonstruiere, wie sie wirklich gewesen war. Demgemäß entstanden Sammlungen von Inschriften sowie von Fragmenten, d. h. von handschriftlich überlieferten Zitaten aus älteren, nicht erhaltenen Werken. Der besondere Ehrgeiz der Philologen galt kritischen Editionen, und die Literaturgeschichtsschreibung, von den Brüdern Schlegel noch kühn und souverän betrieben, verlor sich im positivistischen Detail.

Die Medien, durch die sich schöpferische, von Gegebenheiten der eigenen Zeit befruchtete Altertumsforscher Ausdruck zu verschaffen suchten, waren vor allem die griechisch-römische Geschichte und der griechische Mythos. So zielten Mommsen und Droysen, die beide auch politisch tätig waren, mit ihren großen historiographischen Werken deutlich auch auf Gegenwartsprobleme, etwa auf die Frage der deutschen Einigung.

Von romantischen Tendenzen beeinflußte Forscher wie Creuzer, Bachofen, Rohde und andere fanden an der nüchternen Rationalität à la Wolf kein Genüge mehr: Sie stellten dem ›apollinischen‹ Griechenland ein dionysisches, einem durch Licht und Begrenztheit sich auszeichnenden Menschenbild ein dunkles, rauschhaft-ekstatisches entgegen. Die Mythen, Riten und Mysterien waren die vornehmsten Gegenstände ihrer den Ursprüngen und Hintergründen der ›offiziellen‹ griechischen Kultur zugewandten Bestrebungen. Vor allem die Mythen forderten auch im 20. Jahrhundert immer wieder zu neuen Verwendungsweisen und Deutungsversuchen auf, wobei man sich seit C. G. Jung von der Frage nach ihren Ursprüngen ab- und der nach ihren Strukturen und Funktionen zuwandte.

Den Normen der antiken Dichtungstheorie und den Gattungsmustern der griechischen und römischen Literatur fühlte sich im späteren 19. und im 20. Jahrhundert nur noch eine schwindende Zahl klassizistisch Gesinnter unmittelbar verpflichtet. Die europäischen Literaturen entwickelten sich in formaler Hinsicht selbständig auf ihren eigenen Grundlagen weiter – der Rezeptionsprozeß scheint auch auf diesem Felde abgeschlossen zu sein. In analoger Weise verblaßten im Laufe des 19. Jahrhunderts die Regeln der rhetorischen Theorie und mit ihnen ein Stück Bildung, das sich von der Antike bis zum 18. Jahrhundert in nahezu ununterbrochener Folge hatte behaupten können.

Eine andere Bewandtnis hatte es hingegen mit den Stoffen, Motiven und Problemen der Dichtung: Hier blieb und bleibt die Antike als Reservoir in einiger Geltung. Neben historischen Sujets – deren Bedeutung in letzter Zeit abgenommen zu haben scheint – erweisen sich vor allem die Mythen als unentbehrlich; sie dienen wegen ihrer Plastizität und Variabilität immer wieder als Chiffren für Sichtweisen und Bedrängnisse der jeweiligen Gegenwart, und so ist die Kette der Bearbeitungen teils bekannter, teils ziemlich unbekannter Mythen in dramatischen und erzählenden Formen bis auf die Gegenwart nicht abgerissen. Die älteste Schicht der antiken Überlieferung scheint zugleich die dauerhafteste zu sein.

### 5. Kapitel: **Das Gymnasium, die humanistische Bildung**

Die Spätantike hat der europäischen Kultur neben manchem anderen die Artes liberales vermacht, die sieben Freien Künste. Mit diesem Ausdruck faßte man das sprachliche Trivium und das mathematische Quadrivium zusammen. Das sprachliche Trivium bestand aus den Disziplinen Grammatik, Rhetorik und Dialektik; das mathematische Quadrivium enthielt die Fächer Geometrie, Arithmetik, Astronomie und Musiktheorie. Das Ganze war Grund- und Allgemeinbildung zugleich; es war Voraussetzung für das Studium der Theologie und später, vom hohen Mittelalter an, auch für das der Medizin und der Jurisprudenz. Die Artes gehörten zum Lehrplan der Kloster- und Domschulen, und seit es Universitäten gab, vom 13. Jahrhundert an, konnte man sie auch dort erlernen, in der sogenannten Artistenfakultät, deren Name sich von den in ihr tätigen Lehrpersonen herleitet.

In der Praxis des mittelalterlichen Schulwesens kam dem Trivium weit größere Bedeutung zu als dem Quadrivium, und innerhalb des Triviums forderte die Grammatik den Löwenanteil des Stundenplans. Dies war dadurch bedingt, daß die Schüler zunächst einmal die Unterrichtssprache, das Lateinische, erlernen mußten, die Sprache also, der in Europa nahezu alle Verlautbarungen von Kirche und Staat vorbehalten waren, und lange Zeit auch alle Wissenschaft und fast alle Literatur. Hierfür wurden etliche Jahre benötigt, um so mehr, als die meisten Schüler keine Bücher besaßen; die Unterrichtswerke waren oft in Versen abgefaßt, die auswendig gelernt werden mußten. Hierin schuf die Erfindung des Buchdrucks Wandel, und die Humanisten erkannten sofort, daß verschieden große Typen die Absonderung des Wichtigen vom weniger Wichtigen erlaubten, wodurch das Lernen erheblich erleichtert wurde. Im übrigen aber blieb es bis zum ausgehenden 17. Jahrhundert ohne wesentliche Änderungen bei dem Pensum, das der mittelalterliche Bilinguismus allen, die die Universität besuchen wollten, auferlegte: Die Beherrschung des Lateinischen in Wort und Schrift war nach wie vor die wichtigste Voraussetzung für jede Art wissenschaftlicher Studien, und die städtischen Lateinschulen, die sich in der frühen Neuzeit neben den kirchlichen Schulen etablierten, gaben dieses Ziel schon durch ihren Namen zu erkennen.

Auf die fundamentalen Veränderungen, die das 18. Jahrhundert im Geistesleben der Europäer mit sich brachte, wurde bereits hingewiesen.[1] Das Christentum büßte seine

allumfassende Vorrangstellung ein; das Schul- und Bildungs-
wesen wurde größtenteils zu einer Domäne des Staates. Vor
allem stand die Zeit im Zeichen des erstarkenden National-
bewußtseins; man dachte mehr und mehr in nationalstaat-
lichen Kategorien, und das literarische Leben spielte sich in
zunehmendem Maße in den einzelnen Nationalsprachen ab.
Diese Entwicklung erreichte bald auch die Universität: Der
Lehrbetrieb und das wissenschaftliche Schrifttum begannen
sich ebenfalls überall der jeweiligen Landessprache zu be-
dienen. Hiermit aber ging dem Gymnasialunterricht seine
wichtigste bisherige Aufgabe verloren. Die aktive Beherrschung des Lateinischen war nicht mehr gefragt; die Lehrpläne zogen alsbald die Konsequenzen – der Sprachdrill der
beiden obersten, der sogenannten Rhetorikklassen, wurde
gestrichen.

So etwa standen, in grober Vereinfachung, die Dinge, als
nicht nur in Deutschland erhebliche Veränderungen im Bil-
dungswesen für erforderlich erachtet wurden: Mit der christlichen Religion hatte auch die Sprache, die hauptsächlich um
ihretwillen mehr als ein Jahrtausend lang für alle Gelehrten
unentbehrlich gewesen war, erheblich an Geltung verloren.
Es kam hinzu, daß der Zeitgeist, bürgerlichem Wohlfahrts-
und Nützlichkeitsdenken verpflichtet, von den Bildungseinrichtungen mehr Rücksicht auf die Lebenspraxis verlangte,
ein Ansinnen, dem diese, veraltet und verlottert wie sie waren, je später, desto weniger genügen konnten. Die schärfste
Kritik richtete sich gegen die in der Tat sowohl äußerlich als
auch innerlich heruntergewirtschafteten Universitäten – man
schlug allen Ernstes vor, sie samt und sonders aufzulösen und
durch staatlich beaufsichtigte Fachhochschulen zu ersetzen;
in Frankreich wagte Napoleon es gar, diesen Gedanken
Wirklichkeit werden zu lassen.

In Analogie hierzu forderte man auch die Abschaffung des
bisherigen gelehrten Unterrichts am Gymnasium, der sich,
von Hause aus für künftige Pfarrer bestimmt, überlebt habe
und nicht geeignet sei, auf die bürgerliche Welt der Berufe

und des Erwerbs vorzubereiten. In Deutschland suchten vor allem die Repräsentanten einer pädagogischen Richtung, die sich Philanthropinisten, Menschenfreunde, nannten, diesen Forderungen Rechnung zu tragen: Sie drangen darauf, daß die alten Sprachen, die weitaus wichtigsten Fächer des bisherigen Unterrichts, zu erheblichen Teilen durch die Vermittlung nützlicher Kenntnisse und Fertigkeiten zu ersetzen seien.

Daß es hierzu nicht kam, daß die Universität bestehen blieb und die überkommene Gymnasialbildung nicht allzu radikal verändert wurde, daß man sich vom Licht der Aufklärung nicht über die Maßen blenden ließ und auch dem kurz angepflockten Utilitarismus der Zeit letztlich nicht nachgab – all dies war durch Gegenkräfte verursacht, die nicht nur von Weimar ausgingen. Altertumsgelehrte in Leipzig und Göttingen leisteten wichtige Vorarbeit, und kein geringerer als König Friedrich II. von Preußen ließ im Jahre 1779 die Kabinettsorder ergehen: »Euch wird aufgegeben, die Einrichtung zu treffen, daß alle die, so sich dem Studium widmen, das Griechische und Lateinische emsig treiben, inmaßen wir Allerhöchstselbst dieses schlechterdings verlangen.«[2]

Im letzten Viertel des 18. Jahrhunderts setzte sich das humanistische Gymnasium als die für das bürgerliche Zeitalter maßgebliche Form des höheren Unterrichts durch, und mit ihr ein bestimmter Kanon von Fächern und Lehrinhalten. Sie sollte auf jede Art von Universitätsstudien vorbereiten; sie beanspruchte, allgemeinbildend zu sein, und vermied daher die Vorwegnahme von Inhalten bestimmter akademischer Berufe (wobei man den des Gymnasiallehrers allerdings ausnahm). Damals, im ausgehenden 18. Jahrhundert, wurde auch die Reifeprüfung eingeführt, und das System der Bildungseinrichtungen war nunmehr festgefügt – nur derjenige hatte Zugang zur Universität, der sich mit Erfolg der Reifeprüfung unterzogen hatte.

Die Kräfte, die sowohl dem Überkommenen, funktionslos

Gewordenen – der Lateinschule – als auch dem jungen bürgerlichen Utilitarismus entgegenwirkten, brachten es fertig, der alten Melodie einen neuen Text zu unterlegen: Das Lateinische wurde nicht abgeschafft, es vermochte sich vielmehr als das wichtigste Fach im gymnasialen Lehrplan zu behaupten, und das Griechische wurde überhaupt erst in voller Breite eingeführt. Allerdings war es nun mit dem bisherigen Ziel des Lateinunterrichts, mit der aktiven Sprachbeherrschung, vorbei; die Schüler brauchten nicht mehr lateinisch zu reden und kaum noch lateinisch zu schreiben, und auf die Jahre des elementaren Grammatikdrills folgten nur noch die Jahre der Autorenlektüre, und hinter all den Mühen standen lediglich die abstrakten Ziele des Erwerbs von Bildung und der Schulung des Intellekts.

Diese neue Zweckbestimmung brachte einschneidende Änderungen im Kanon der zu lesenden Schriftsteller mit sich. Schon die italienischen Humanisten hatten seinen christlichen Anteil erheblich eingeschränkt, und zumal die mittelalterlichen Autoren wurden von ihnen eliminiert, wohl weniger aus weltanschaulichen als aus ästhetisch-stilistischen Gründen. Jetzt aber, im letzten Drittel des 18. Jahrhunderts, schlug der ganzen Tradition, die zwischen Antike und Gegenwart vermittelt hatte, insbesondere auch der neulateinischen Literatur, die Stunde. Denn die hatte großenteils dem aktiven Spracherwerb gedient: so die Gesprächsbücher mit ihrer Phraseologie der Alltags-Konversation, ein Genre, von dem heutzutage allenfalls noch die *Colloquia familiaria* des Erasmus bekannt sind; so auch die Schuldramen, zu denen vor allem die Jesuiten Hervorragendes beigetragen hatten – das berühmteste Beispiel ist der *Cenodoxus* (etwa: ›Der nach eitlem Ruhm Strebende‹) von Jakob Bidermann. Diese Gattungen also und mit ihnen die gesamte Hinterlassenschaft der Neulateiner wurden nunmehr als überflüssig erachtet, und die Lektüre begnügte sich mit antiken Autoren, mit Autoren aus den drei Jahrhunderten von Plautus und Terenz bis Tacitus. Der klassizistische Geist Winckelmanns und Weimars, der das Griechische von vornherein auf die Zeit von Homer bis zu den attischen Rednern eingeschränkt wissen wollte, verwandelte auch das bisherige Schlüsselfach der europäischen Tradition in eine rein altertumskundliche Disziplin.

Von den ständigen schulpolitischen Querelen des 19. Jahrhunderts kann hier abgesehen werden, insbesondere von dem Streit um die volle Anerkennung einer ›realistischen‹ (d. h. einer die modernen Fremdsprachen und die Naturwissenschaften stärker berücksichtigenden) Schulform;[3] das Gymnasium, die Sekundarschule humanistischer Observanz, war und blieb die maßgebliche Bildungseinrichtung des ganzen bürgerlichen Zeitalters. Der Chemiker Dr. Asche, eine Figur der Erzählung *Pfisters Mühle* von Wilhelm Raabe, pflegte sich nach seinem unangenehm riechenden Tagesgeschäft zum Vergnügen in die griechische Lektüre des Homer zu vertiefen: Mit ihm hat Raabe offensichtlich eine Erscheinung der Lebenswirklichkeit seiner Zeit nachgezeichnet.

Das neun-, mitunter achtjährige humanistische Gymnasium begnügte sich im allgemeinen mit fünf Stunden je Tag, also mit dreißig Wochenstunden. Hiervon beanspruchten die alten Sprachen ungefähr die Hälfte, wobei sich das Lateinische eines etwas höheren Deputats erfreute als das Griechische. Außerdem wurde es von der ersten bis zur letzten Klasse gelehrt, während Griechisch erst in der dritten Klasse hinzukam. Um diesen Kern des humanistischen Unterrichts gruppierten sich etliche mittlere und kleine Fächer. Zu den mittleren zählten die Mathematik, die Unterweisung in der jeweiligen Nationalsprache und -literatur sowie die Geschichte; den Rest teilten sich das Französische, die Naturwissenschaften, die Religion und die musischen Fächer.

Dieser aus heutiger Sicht sonderbare Stundenplan wurde zwar auch befehdet, von den meisten jedoch durchaus akzeptiert, und namhafte Naturforscher und Ärzte – z. B. Helmholtz – erklärten, es gebe keine bessere Vorbereitung auf das Fachstudium an der Universität. Vor allem aber waren die alten Sprachen das Schibboleth der Bildung – man konnte

Das Gymnasium Leopoldinum in Detmold
(erbaut 1907)

nicht beanspruchen, gebildet zu sein, wenn man nicht aus eigener Erfahrung von den Tücken der griechischen Verben auf -mi zu erzählen wußte oder von den Schwierigkeiten des taciteischen Stils. Unabhängig von derlei Äußerlichkeiten und mit Blick auf das Wesen der Sache darf man wohl behaupten, daß das altüberlieferte Trivium im altsprachlichen Unterricht des humanistischen Gymnasiums recht gut aufgehoben war.

Die Grammatik galt nach wie vor als das Kernstück des Unterrichts. Sie wurde nunmehr kontrastiv betrieben: Man registrierte die Gemeinsamkeiten und Unterschiede im Verhältnis zur jeweiligen Muttersprache, und hiernach bemaß sich das Regelwerk der grammatischen Lehrbücher. Die Pensenverteilung war und ist daher in den einzelnen europäischen Ländern überaus verschieden: Französische und italienische Kinder hantieren schon im ersten Lateinjahr mit mehreren Tausend Vokabeln, weil die Wortstämme meist durch die Muttersprache vertraut sind; bei deutschen Kindern wiederum braucht man keine Umstände mit dem Dativ zu machen, der in Westeuropa, da er dort kaum noch als reiner Kasus vorkommt, erst ziemlich spät eingeführt zu werden pflegt. Vor allem aber: Der lateinische Grammatikdrill macht zugleich die teils identischen, teils abweichenden Strukturen der Muttersprache bewußt, und zwar müheloser, als dies das direkte Sezieren der von Gefühl und Gewohnheit gesteuerten Muttersprache zu leisten vermöchte.

Die Rhetorik hatte zwar als theoretisches Lehrgebäude, als Regelsystem ausgedient – sie verschwand um die Wende vom 18. zum 19. Jahrhundert aus den Universitäten und bald darauf auch aus den Schulen. Auf dem humanistischen Gymnasium aber wurden nach wie vor die Reden des Cicero und des Demosthenes studiert, was in der politischen Beredsamkeit des 19. Jahrhunderts reiche Früchte trug. Der deutsche Aufsatz rettete die rhetorische Kompositionslehre, und die sogenannten Tropen und Figuren – wie pars pro toto und Metapher, Litotes, Polysyndeton und Anapher – gehörten zum eisernen Bestand der Stilkunde.

Was schließlich die Dialektik angeht, so gibt es hierfür kaum eine bessere Einführung als die platonischen Dialoge, zumal die frühen, in denen um die Definition ethischer Begriffe, wie Tapferkeit, Gerechtigkeit usw., gerungen wird: Hier erleben die Schüler am lebendigen Beispiel, wie Sokrates mit seiner überlegenen Gesprächskunst dem Partner beweist, daß er nur überaus verschwommene Vorstellungen von einem Gegenstand habe, den er genau zu kennen glaubte. Darüber hinaus vermittelte der altsprachliche Unterricht gediegene Kenntnisse von der Philosophie überhaupt, von ihrer Terminologie und ihren Problemen, vor allem an Hand der ciceronischen Schriften, in denen sämtliche Richtungen der Antike zu Wort kommen.

Schon die Humanisten des 15. und 16. Jahrhunderts hatten in ihrem Kampf gegen die dürre Scholastik die Dichtung, die schöne Literatur auf ihren Schild erhoben, nicht zuletzt mit Hilfe eigener Erzeugnisse. Auf dem bürgerlichen Gymnasium entfiel das Selbstmachen; die Philologen, die Nachfolger der Humanisten, pflegten sich nicht mehr als Verseschmiede zu betätigen. Die Nähe zur Poesie, zur hohen Literatur aber blieb erhalten: Der Lektürekanon berücksichtigte alle wichtigen Gattungen, die Lyrik, das Drama und die Epik, die Geschichtsschreibung und die Philosophie.

Zu den Formen kamen die Stoffe, teils mythischer, teils historischer Herkunft. Sie waren schon – im Gegensatz zum Unterricht in den modernen Fremdsprachen, der Alltagssituationen bevorzugt – in den Übungsstücken des elementaren Grammatiklehrgangs anwesend, und die gründlich betriebene Alte Geschichte machte die Schüler auf ihre Weise mit den Sujets zahlreicher Dramen und Opern bekannt. Der Wert, den diese Art Propädeutik für den Bildungskanon hatte, war beträchtlich: Elisabeth Frenzels Standardwerk *Stoffe der Weltliteratur*[4] enthält zu etwa 60 Prozent Themen aus der Antike; den Rest müssen sich Mittelalter, Neuzeit und Außereuropäisches teilen.

In diese 60 Prozent sind die biblischen Stoffe allerdings eingeschlossen. Die aber waren nicht Gegenstand des mit Entschiedenheit von allem Christlichen absehenden altsprachlichen Unterrichts; sie wurden, wenn überhaupt, im Fach Religion behandelt, welches vielen als Fach der Kulturvermittlung, der allgemeinen Bildung galt und somit gleichsam als Hilfsdisziplin des altsprachlichen Unterrichts fungierte.

Alte Sprachen und Religion: Dieser Zusammenhang erinnert daran, daß auch auf die bildenden Künste ein Blick geworfen werden sollte. Die Bibel und die *Metamorphosen* Ovids mit ihren etwa 250 Mythen gelten als die wichtigsten Repertorien der europäischen Malerei und Plastik. Der Gymnasiast kannte diese beiden Quellen: Die Vertrautheit mit den in Anschauung umgesetzten Sujets erlaubte ein genaueres Verständnis des Kunstwerks und erhöhte den Genuß.

›Alea iacta est‹, ›Carpe diem‹, ›Nunc est bibendum‹: Diese und andere Zitate finden sich in humoristischer Verwendung in den Asterix-Heften. Während die geflügelten Worte der modernen Sprachen begreiflicherweise vornehmlich in den zugehörigen Ländern kursieren (im deutschsprachigen Gebiet waren Schiller, mit dem *Lied von der Glocke* und *Wilhelm Tell*, sowie Shakespeares *Hamlet* in der Schlegel-Tieckschen Übersetzung die Hauptlieferanten), pflegen die zahlreichen lateinischen und die weniger zahlreichen griechischen Redensarten und Zitate gemeineuropäischer Besitz zu sein: Man kann sich hiervon durch eine vergleichende Lektüre des betreffenden Abschnitts im ›Büchmann‹ und des mittleren, auf rotem Papier gedruckten Teiles des *Petit Larousse* überzeugen.[5]

Soviel zu den Fäden, die zwischen dem altsprachlichen Unterricht des humanistischen Gymnasiums und dem bürgerlichen Bildungskanon hin und her liefen. Beides hat sich wechselseitig gefördert: Elternhaus und Schule pflegten Hand in Hand zu arbeiten, wobei das Elternhaus mehr für das Atmosphärische, den bildungsstolzen Horizont, und die

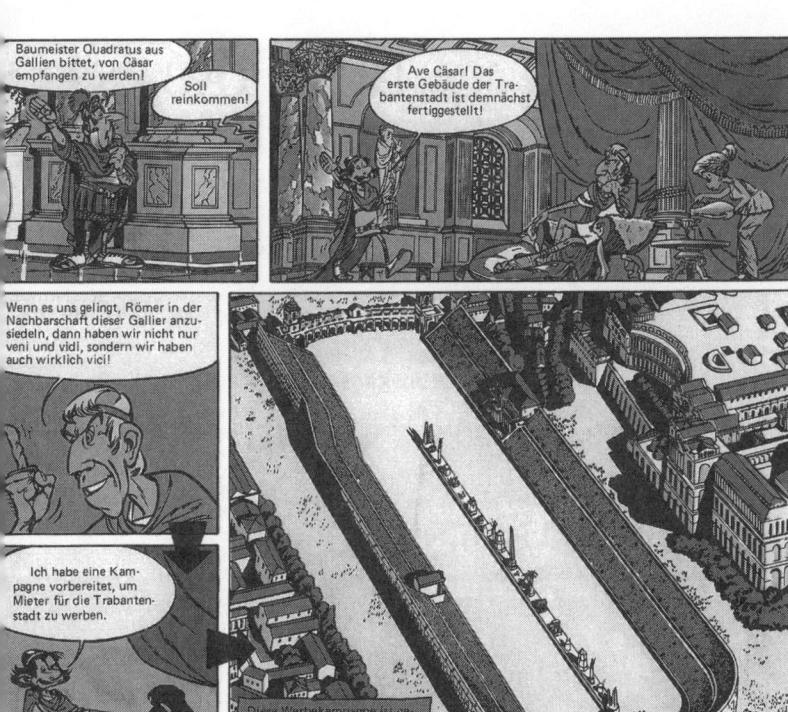

Die Asterix-Comics als Spätstufe europäischer Latinität
Die hier wiedergegebene Bildfolge enthält
den sprechenden Namen Quadratus, die Grußformel Ave,
das Cäsar-Wort Veni, vidi, vici und die
römische Örtlichkeit Circus Maximus

Schule mehr für den methodischen Aufbau von Kenntnissen einstand. Das Bildungsbürgertum erhielt durch das reibungslose Zusammenwirken der beiden Instanzen sein unverwechselbares Gepräge – diejenigen, die ihm angehörten, verfügten in den Bereichen Sprache, Literatur, Kunst, Geschichte und Religion sowie vor allem durch ihre Vertrautheit mit der Antike über Kommunikationsmittel, die von dem jeweils ausgeübten Beruf gänzlich unabhängig waren.[6]

Außer Latein und Griechisch hat vor allem der Unterricht in der Nationalsprache zur Einführung in den europäischen Bildungskanon beigetragen. Denn so gewiß dort die herausragenden Werke der je eigenen Literatur im Mittelpunkt standen, so unverkennbar verwies ein erheblicher Teil dieser Werke auf die gemeineuropäischen, meist antiken Voraussetzungen, wie dies z. B. bei Shakespeares *Julius Caesar*, Racines *Phèdre* und Goethes *Iphigenie* der Fall ist. Überdies pflegten die Einflüsse, die von der Antike oder von benachbarten europäischen Nationen ausgegangen waren, auch in direktem Zugriff behandelt zu werden – Lessings *Laokoon* z. B. gehört seit eh und je zum eisernen Bestand des Deutschunterrichts.

»Nur bornierte Einseitigkeit kann die große Bedeutung der englischen und französischen Literatur für die europäische Kultur leugnen«, läßt ein Pädagoge im Jahre 1905 verlauten[7] – offensichtlich hat es an solcher Borniertheit nicht gefehlt. Immerhin wurde der Dichtung und der gehobenen Prosa im Französischunterricht des bürgerlichen Zeitalters – und, soweit vorhanden, auch im Englischunterricht – mehr Aufmerksamkeit geschenkt als heutzutage; denn (so der soeben zitierte Pädagoge weiterhin) »zu einer irgend befriedigenden Redefertigkeit in einem fremden Idiom läßt sich eine ganze Klasse, wenn ihre Schülerzahl auch nur über zehn hinausgeht, niemals bringen, während das etwa bei einem Aufenthalt im Auslande [...] in verhältnismäßig kurzer Zeit erreicht werden kann«. Der Unterricht in den modernen Fremdsprachen, wie das humanistische Gymnasium ihn betrieb, hat nicht versucht, die Schüler zur Meisterung von Alltagsproblemen anzuleiten. »Auf den Ruhm«, meint jener Pädagoge, »unsere Zöglinge mit den Oberkellnern der großen Gasthöfe im Gebrauch der fremden Sprache wetteifern zu sehen, werden wir verzichten müssen.«

Was weiterhin den Geschichtsunterricht angeht, so spielten dort begreiflicherweise die Griechen und Römer eine herausragende Rolle: Bei ihnen, und nur bei ihnen, hatten die Schüler Gelegenheit, sich den Stoff nicht nur aus dem Lehrbuch, sondern auch durch die Beschäftigung mit den Quellen anzueignen. Die musischen Fächer endlich mußten sich zwar in der Regel mit einer Wochenstunde begnügen; diese Zeit wurde indes nicht gänzlich mit Zeichnen und Singen ausgefüllt, sie wurde auch benutzt, die Schüler in die europäischen Baustile und andere elementare kunsthistorische Gegebenheiten sowie in die Epochen der europäischen Musik und deren wichtigste Gattungen einzuführen.

Soviel zum humanistischen Gymnasium als dem Fundament der bürgerlichen Bildung. Es wurde im Lauf des 20. Jahrhunderts – vielleicht mit jener Verspätung, welche bei Institutionen im Verhältnis zu den sie tragenden gesellschaftlichen Voraussetzungen üblich ist – eingeschränkt, abgebaut und schließlich nahezu gänzlich beseitigt; als Beweis hierfür mag dienen, daß von den heutigen Abiturienten kaum ein Prozent Griechisch (›Altgriechisch‹, wie man jetzt oft hinzufügt) und ungefähr ein Drittel Latein gelernt hat – oft jedoch so wenig, daß schwierigere Texte nicht ohne die Zuhilfenahme einer Übersetzung gelesen werden können. Das humanistische Gymnasium, ein Produkt der Aufklärung und des Idealismus, hat sich also, wenn man es mit der etwa tausendjährigen Tradition seiner vom christlichen Kanon beherrschten Vorgänger, der Kloster- und Lateinschule, vergleicht, als eine ziemlich zerbrechliche, dem Wandel der Zeiten gegenüber wenig resistente Erscheinung erwiesen; man könnte angesichts dieser Relationen geradezu behaupten, daß es kaum mehr als ein Anhängsel der Schulformen gewesen ist, die von der Karolingerzeit bis zum Barock unter dem schützenden Dach der christlichen Religion existiert hatten.

## 6. Kapitel: **Der Fürstenhof des absolutistischen Zeitalters**

Der Absolutismus, die vorherrschende Staatsform Europas während des 17. und 18. Jahrhunderts, gilt, obwohl sie das Bürgertum vom Regiment fernhielt, als Wegbereiterin der konstitutionellen Monarchie, ja der Demokratie: Er brach die Macht der Stände, des Adels und des Klerus, mitsamt deren Privilegien; er beseitigte die weltlichen Rechte der Kirche und schuf eine effiziente, flächendeckende Verwaltung, die von einem geschulten Berufsbeamtentum ausgeübt wurde.

Ein ähnliches Paradox zeigt sich auf dem Felde der Kultur: Die unumschränkte Monarchie, welche die Masse des Bürgertums – jedenfalls zunächst – von ihren Errungenschaften im Bereich der Kunst ausschloß, legte in derselben Zeit durch die Institutionen, die sie in der Exklusivität ihrer weltlichen und geistlichen Höfe während der Spätrenaissance und des Barock hervorbrachte, den Grund für wichtige Bestandteile der bürgerlichen Bildung. Das Bürgertum machte sich auf diese Weise zum Erben nicht nur der aus dem Mittelalter überkommenen klerikalen Einrichtungen, der Schule und der Universität, sondern auch einiger verhältnismäßig junger Errungenschaften des Adels.

Die gewaltigen Schlösser allerdings, welche die Souveräne Europas im 17. und 18. Jahrhundert erbauen ließen, blieben begreiflicherweise an die kleine Schicht der regierenden Fürsten gebunden, wie andererseits die flüchtigste Erscheinung des Zeitalters, die prunkvollen Feste mit ihrem enormen Aufgebot an Menschen und Material, die Maskeraden, Aufzüge, Bankette und Feuerwerke, wenn überhaupt, nur in bescheidenen Ausmaßen fortexistierte. Doch drei Institutionen, die gleichsam zwischen diesen Extremen angesiedelt waren, das Theater, die Musikkapelle, die Kunst- und Kuriositätensammlung, verharrten nicht in insularer Abgeschiedenheit und verschwanden auch nicht; sie öffneten sich dem Bürgertum oder wurden gänzlich von ihm getragen und partizipierten bis zur Gegenwart uneingeschränkt an den auf den Barock folgenden Kunstepochen.

Die Stätten, welche die Voraussetzungen für das Drama und die Oper, für das Konzert und das Museum als Elemente des bürgerlichen Kosmos schufen, waren die europäischen Höfe und deren schließlich – seit der frühen Neuzeit – in allen Ländern ständige Aufenthaltsorte, die Residenzen. Hierbei verdient Beachtung, daß es nicht nur die großen Staaten oder Dynastien wie Frankreich oder Habsburg waren, deren Zentren eine erhebliche Beisteuer zu den aufführenden und darstellenden Künsten leisteten: In Italien und zumal in Deutschland hatten sich etliche kleinere Territorialherren etabliert, die ihren mächtigeren und reicheren Standesgenossen am wenigsten auf kulturellem Gebiet nachstehen mochten. Diesem an sich ziemlich bekannten Phänomen wird wohl nicht immer die ihm zukommende Aufmerksamkeit gewidmet: Eine repräsentative englische Darstellung, *The Courts of Europe*, herausgegeben von A. G. Dickens, behandelt in fünfzehn Abschnitten exemplarisch Höfe von Spanien bis Rußland; Deutschland indes bleibt gänzlich ausgespart.

Der Musterhof par excellence, das Vorbild vor allem für die mittleren und kleinen Residenzen, war Frankreich in der Gestalt, die ihm das lange Regime des Sonnenkönigs gegeben hatte. »Il n'y a pas jusqu'au cadet du cadet d'une ligne apanagée qui ne s'imagine d'être quelque chose de semblable à Louis XIV: il bâtit son Versailles, il a ses maîtresses, il entretient ses armées«, schreibt Friedrich II. von Preußen[1] – »Selbst der allerjüngste Sproß einer apanagierten Linie bildet sich ein, er sei etwas Ähnliches wie Ludwig XIV.; er baut sich sein Versailles, hat seine Mätressen und hält sich seine Armee.«

Die Rolle, die der absolutistische Hof als eines der Fundamente der bürgerlichen Bildung gespielt hat, wurde schon im 19. Jahrhundert nur unzulänglich berücksichtigt, ja geradezu ignoriert. Es waren vor allem drei Aspekte, die der national geprägte Bildungsstolz des gehobenen Bürgertums beiseite schob, und zwar so erfolgreich, daß man noch stets Mühe hat, die verdunkelten Zusammenhänge wiederaufzuhellen. Erstens wurde der im wesentlichen höfische Ursprung der darbietenden Künste Europas verschwiegen: Man übernahm Gottscheds Kritik an der italienischen Oper und Lessings Kritik an der französischen Tragödie als feste Größen und konzentrierte sich im übrigen auf die Stil- und Formengeschichte. Zum zweiten suchte man den übernationalen, europäischen Zuschnitt all dessen hintanzustellen, was auf literarischem und musikalischem Felde entstanden war und noch stets entstand: Das von anderen Nationen Übernommene kam nur noch in der Polemik, als Kontrastfolie für die Leistungen der eigenen Nation, zum Vorschein. Und schließlich mochte der strenge Bürgersinn nicht wahrhaben, daß die Einrichtungen und Erzeugnisse der aufführenden und bildenden Künste zuallererst ein wesentliches Stück Unterhaltungs- und Gesellschaftskultur ausmachten: Man umgab diese Dinge mit einem quasi-religiösen Nimbus oder schrieb ihnen einseitig einen dem Individuum förderlichen moralischen Gehalt zu.

Es empfiehlt sich also, die Sache selbst von der Doktrin, die darüber bis vor kurzem gültig war, zu unterscheiden. Die Doktrin stellte vor allem den bürgerlichen, den nationalen und den in moralischer oder ästhetischer Hinsicht erzieherischen Charakter des von der Adelskultur Überkommenen heraus, Gegebenheiten also, deren gänzliche Abwesenheit niemand im Ernst wird behaupten wollen.

Die Sache selbst aber erscheint aus heutiger Sicht zunächst als wichtiger Teil des Verschmelzungsprozesses von Aristokratie und Bourgeoisie, als Parallele dessen, was sich auch an der Alltagskultur und am Lebensstil der höheren Schichten ablesen läßt. Sie war außerdem, nicht anders als etwa die humanistische Bildung, im wesentlichen eine übernationale, europäische Angelegenheit: Das von jeher für Europa konstitutive Prinzip der kommunizierenden Röhren bestand auch im bürgerlichen Zeitalter uneingeschränkt fort, so daß was sich in einem Land durchsetzte und bewährte alsbald auch in den anderen Ländern heimisch wurde – der Bildungsbürger des 19. und 20. Jahrhunderts kannte, ob er nun in England, Frankreich, Italien, Deutschland oder sonstwo lebte, in etwa dasselbe Repertoire der Opern- oder Schauspielbühne, denselben Kanon klassischer Musik und dieselben Großmeister der Malerei und Plastik. Drittens die sinnliche, die Genußseite der Ohren- und Augenkünste: Sie mochte in der Doktrin aus puritanischer, protestantischer oder sonstwie asketisch beeinflußter Gesinnung zurückgedrängt werden; anwesend war sie nach wie vor, wenn auch gedämpfter im neuen, klassizistischen Milieu als zuvor in den Ekstasen des Barock.

Zugleich aber forderte und förderte all das theatralische, musikalische und museale Unterhaltungswesen Bildung: Die Stoffe verlangten mythologisches und historisches Wissen; die gehobene Sprache und die komplizierten Tonfolgen setzten ein geschultes Ohr voraus. Überdies war der moralische Anspruch, so sehr er bisweilen überdehnt wurde, nicht gänzlich von der Hand zu weisen, nicht einmal für die Oper, wenn man z. B. an Mozarts *Zauberflöte* oder Beethovens *Fidelio* denkt.

Es ist auf dem Felde der darstellenden und bildenden Künste schwierig oder gar unmöglich, eine scharfe Grenze zwischen einer höfischen, von den Residenzen der Fürsten geprägten, und einer bürgerlichen Epoche zu ziehen. Theatralische und musikalische Darbietungen fanden in vielerlei Formen statt. Neben den Hoftheatern existierten in der frühen Neuzeit nicht nur die aus dem Mittelalter überkommenen Passions- und Mysterienspiele sowie ein weltliches, Adlige wie Bürgerliche gleichermaßen beschäftigendes Laienspielwesen; es gab auch mit Berufsschauspielern besetzte, finanziell auf sich selbst gestellte Wanderbühnen englischer oder italienischer Provenienz. Und bei den Hoftheatern, die wegen der größeren Ressourcen das stabile Rückgrat für die Schauspiel- und Opernkunst bildeten, drifteten die institutionellen Voraussetzungen und der darin herrschende ›Geist‹ mehr und mehr auseinander: Sie standen bürgerlichen Einflüssen offen (Schillers *Räuber* z. B. wurden im Jahre 1782 in dem vom pfälzischen Kurfürsten Karl Theodor eingerichteten Mannheimer Nationaltheater uraufgeführt) und blieben doch meist noch auf lange Zeit in der Regie des Monarchen. In entsprechender Weise ist das bürgerliche Musikwesen, ist zumal das moderne Orchester nicht allein und nicht abrupt aus den Hofkapellen hervorgegangen; hierbei haben ebensosehr mancherlei (zunächst im wesentlichen aus Laien bestehende) private Zusammenschlüsse Pate gestanden.

Bei der Schule und der Universität sorgten zunächst Humanismus und Reformation, dann wieder, etwa drei Jahrhunderte später, das Napoleonische Zeitalter und der Idealismus für deutliche Zäsuren. Da im Bereich der gehobenen, Bildung voraussetzenden Unterhaltung ähnliche Einschnitte fehlen, wird hier nicht ohne Willkür das 18. Jahrhundert und zumal dessen zweite, in der Französischen Revolution gipfelnde Hälfte der bürgerlichen Ära zugerechnet; die folgenden Seiten skizzieren somit lediglich die höfischen Wurzeln der Einrichtungen Theater, Konzert und Museum, während deren volle Entfaltung den einschlägigen besonderen Abschnitten vorbehalten bleibt.

Das Hoftheater als das beständigste und wichtigste Vehikel gebildeter Unterhaltung hat nach einer eindringlichen neuen Untersuchung[2] in seiner Entwicklung drei Phasen durchlaufen. Die erste Phase, vom ausgehenden 17. bis etwa zum zweiten Drittel des 18. Jahrhunderts, sei dadurch charakterisiert gewesen, daß es kein zahlendes Publikum gab: Das Hoftheater war damals mit allen seinen Darbietungen, mit der Oper, dem Ballett, dem Sprechdrama, einzig und allein der Hofgesellschaft sowie geladenen Gästen zugänglich. In der zweiten Phase, die vom letzten Drittel des 18. bis zur Mitte des 19. Jahrhunderts währte, verzichtete das fürstliche Theater auf diese strenge Exklusivität; die bürgerliche Gesellschaft außerhalb des Hofes erhielt gegen Eintritt Zugang zu den Vorstellungen. Von der Mitte des 19. Jahrhunderts an, in der dritten Phase, begannen die städtischen Theater denen des Hofes Konkurrenz zu machen, bis schließlich mit dem Ende des Ersten Weltkrieges die europäischen Höfe selbst in großer Zahl verschwanden. Von diesen drei Phasen fällt allein die erste in das absolutistische, im prägnanten Sinne höfische Zeitalter.

Das antike Theater, zuletzt im wesentlichen derbe Unterhaltung, die sich weithin mit pantomimischen Darbietungen begnügte, erlag der moralischen Kritik der Kirchenväter. Diese Kritik war so wirksam, daß das Mittelalter Schauspiele nur um religiöser Zwecke willen zuließ und daß auch die ersten auf weltliches Terrain sich vorwagenden Versuche der Neuzeit – Wiederaufführungen von Terenz-Komödien sowie nach deren Muster von den Humanisten verfaßte lateinische Stücke – der Rechtfertigung durch außerkünstlerische Gesichtspunkte bedurften: Die Schüler sollten durch derlei Dramen moralisch und intellektuell, d. h. in der Handhabung des Lateinischen, gefördert werden. Während dieser erste, gelehrte und im wesentlichen der gelehrten Welt verhaftete Zweig der neuzeitlichen Dramatik einigermaßen gleichzeitig in ganz Europa, soweit es lateinisch sprach, aufkam und zumal nördlich der Alpen reiche Früchte hervorbrachte, sind zwei weitere, etwas jüngere und von den strengen moralischen Skrupeln der Kirche emanzipierte Formen theatralischer Darbietungen italienischen Ursprungs: die Commedia dell'arte und die – seit etwa der Mitte des 17. Jahrhunderts so genannte – Oper.

Die Commedia dell'arte, eine auf festen Typen beruhende Stegreifkomödie, um die Mitte des 16. Jahrhunderts in Oberitalien entstanden, verbreitete sich vor allem durch Wandertruppen über ganz Europa, drang aber bisweilen auch in die höfische Sphäre vor, wie in Paris, wo eine Truppe im Jahre 1660 zu comédiens du roi avancierte.

Die Oper wiederum kam gegen Ende des 16. Jahrhunderts in Florenz auf – zu den ersten Repräsentanten der neuen Gattung zählten die *Dafne* von Jacopo Peri und der *Orfeo* von Monteverdi. Es ist jetzt umstritten, ob die geläufige Annahme zutrifft, daß die Oper aus dem Bestreben hervorgegangen sei, die antike Tragödie wiederzubeleben, und daß man dabei, von falschen Begriffen hinsichtlich des Vorbildes geleitet, ohne es zu wollen etwas durchaus Originelles hervorgebracht habe[3] – hier kommt es darauf an, daß die Oper, die auf dem Zusammenwirken von Drama, Musik und Gesang beruhte, alsbald in den großen Zentren Italiens, in Florenz, Venedig, Rom und Neapel zu einer dauerhaften Einrichtung wurde und von dort aus in der zweiten Hälfte des 17. Jahrhunderts in ganz Europa Fuß faßte, stets mit italienischem Personal und stets an den Fürstensitzen, so daß gerade sie der Gründung von Hoftheatern förderlich war. Einzig Paris machte hier insofern eine Ausnahme, als dort von Lully (1632-1687) ein besonderer, französischer Operntyp geschaffen wurde, der in Rameau (1683-1764) einen ebenbürtigen Fortsetzer fand.

Die italienische Oper entwickelte sich zu zwei miteinander kontrastierenden Gattungen weiter. Die erhaben-pathetische Opera seria (›ernste Oper‹) bevorzugte mythische und historische Sujets; die Opera buffa (›komische Oper‹), die von der Commedia dell'arte ihren Ausgang genommen hatte, bewegte sich meist in der Alltagswelt. Der erstgenannte, stark auf bestimmte Standards festgelegte Typ eignete sich in seiner Gegenwartsentrücktheit besonders gut für Prunk und Repräsentation. Die teils derbe, teils sentimentale komische Oper hingegen rückte dank ihrer schlichten, einprägsamen Melodien im 18. Jahrhundert zur beliebtesten Form musikalischer Unterhaltungskunst auf.

Sowohl gelehrte, humanistische als auch volkstümliche

Aufführung im Theater zu Versailles
(um 1745)

Impulse führten im Lauf des 16. Jahrhunderts auf dem Feld des Sprechdramas in ganz West- und Südeuropa eine hohe Blüte herbei. In England erreichte die Entwicklung während der Herrschaft von Königin Elisabeth (1558-1603) mit Shakespeare ihren ersten, nie wieder übertroffenen Gipfel. Für die Barockbühne in Spanien wurde ein Stück Calderóns, *Das große Welttheater*, namengebend – auch dort hat kein Dramatiker mehr zu überbieten vermocht, was das Doppelgestirn Lope de Vega (1562-1635) und Calderón (1600-1681) geschaffen hatte. An nächster Stelle folgte, mit geringem Abstand, Frankreich: Das Zeitalter Ludwigs XIV. (1643-1715) trug zum europäischen Schauspiel die Haute tragédie (›erhabene Tragödie‹) bei, mit Corneille und Racine als den herausragenden Repräsentanten, und es brachte Molière hervor, Europas bedeutendsten nachantiken Komödiendichter – seine Erfolge waren es vor allem, die der heiteren, unterhaltsamen Spezies des Dramas den Weg in die Hofgesellschaft öffneten.

Wie die Oper – und überhaupt das Theater – so ist auch die Instrumentalmusik der bürgerlichen Epoche aus der höfischen Kultur des Absolutismus hervorgegangen. Doch fällt bei dieser Parallele ein erheblicher Unterschied sofort ins Auge. Als sich das bürgerliche Zeitalter und in seinem Gefolge der bürgerliche Bildungskanon allmählich konstituierten, hatten Oper und Schauspiel schon ihre ersten Höhepunkte hinter sich, die Oper dank Monteverdi und Scarlatti, das Schauspiel dank Shakespeare und anderen. Demgegenüber fallen die Blüte der Instrumentalmusik und das bürgerliche Zeitalter weithin zusammen. Das Theater war gewissermaßen tiefer in der höfischen Epoche verankert; es erreichte schon in ihr ein gut Teil seines Telos. Für das Konzertwesen hingegen schuf die Hofkultur vor allem die Voraussetzungen und Vorstufen und nur in Ansätzen schon die volle Verwirklichung.

Im Bildungskanon spiegelt sich diese Differenz in der Weise, daß er jedenfalls beim Schauspiel, wie auch sonst bei der Literatur, auf die Hinterlassenschaft der älteren Epochen, darunter der frühen Neuzeit, zurückgreift, daß er sich hingegen beim Konzert im wesentlichen mit dem Repertoire begnügt, das seit dem Wirken von Bach und Händel entstanden ist. Hinsichtlich der Oper muß hierzu noch angemerkt werden, daß sie zwar, wie erwähnt, bereits in der Zeit des exklusiven Hoftheaters Großes geleistet hat, daß sich indes hiervon – wohl hauptsächlich wegen des radikalen Stilwandels, der beim Übergang vom Barock zur Klassik in allen musikalischen Gattungen stattfand – nur weniges in den bürgerlichen Kanon des 19. und 20. Jahrhunderts hinüberzuretten vermochte.

Die wichtigste Beisteuer, die der Hof des absolutistischen Zeitalters zur Entstehung der europäischen Instrumentalmusik erbracht hat, ist das ausübende Personal, sind die in der sogenannten Hofkapelle mitwirkenden Instrumentalisten, ist außerdem die Umwandlung der Hofkapelle von einer rein gottesdienstlichen Institution in eine überwiegend weltlichen Zwecken dienende Einrichtung. Die Kapelle (capella), das Wort und die Sache, reicht bis ins frühe Mittelalter, ja bis in die Spätantike zurück und hat seither etliche Metamorphosen durchgemacht, so daß jetzt so verschiedene Dinge wie eine kleine Kirche und ein Tanzmusik-Ensemble damit bezeichnet werden können. Das Wort ist von cappa, ›Mantel mit Kapuze‹ (davon ›Kappe‹) abgeleitet; in dem ältesten überlieferten Beleg – aus merowingischer Zeit – ist der als Reliquie verehrte Mantel des heiligen Martin von Tours damit gemeint. Die Kleriker, die das kostbare Gewand zu bewahren hatten, hießen in karolingischer Zeit capellani, ›Mantelmänner‹. Zugleich wurde capella im übertragenen, verallgemeinerten Sinn verwendet: für ein Kollegium von Geistlichen und für einen Betraum, das Oratorium.

Im Lauf des Mittelalters bürgerte sich die personale Dimension des Wortes (auf die lokale braucht nicht weiter eingegangen zu werden) als Bezeichnung für diejenigen ein, denen die Durchführung des Gottesdienstes oblag, ins-

Hofkapelle Herzog Friedrichs des Frommen
von Mecklenburg-Schwerin
Ludwigslust, 1770
Gemälde von Georg David Matthieu

besondere im Gefolge fürstlicher Herren: Eine capella umfaßte eine Anzahl von Geistlichen und von Sängern, die ebenfalls dem Klerus anzugehören pflegten. Noch im 15. und 16. Jahrhundert blieben die Instrumentalisten, auch wenn sie, wie an den Höfen üblich, bei den Hauptgottesdiensten mitwirkten, in der Regel von diesem Kollegium ausgeschlossen. Erst die Entfaltung der Kirchenmusik führte in Italien – vielleicht schon im 16. Jahrhundert – zum nächsten Schritt: Sänger und Instrumentalisten wuchsen so sehr zu einer Einheit zusammen, daß man nunmehr dieses Ganze als capella bezeichnete. Die nächsten Stufen (sie wurden im 17. und 18. Jahrhundert erreicht) bestanden darin, daß die fürstlichen Kapellen mehr und mehr zu profanen Zwecken herangezogen wurden und daß sich hierbei die Instrumentalisten allmählich zu einem autonomen, auf das Zusammenwirken mit Sängern nicht mehr angewiesenen Klangkörper entwickelten. Die Kapellen, deren Mitglieder oft auch als Hof- oder Kammermusici bezeichnet wurden, warteten bei Turnieren und Maskenumzügen, insbesondere aber bei der fürstlichen Tafel auf; ferner wirkten sie bei der Oper mit, so daß selbst Opernsängerinnen und Tänzerinnen als ihnen zugehörig betrachtet werden konnten.

Die aus professionellen Musikern bestehenden Hofkapellen waren nicht die einzigen Wegbereiter und Träger der Instrumentalmusik. Manche Angehörige der Hofgesellschaft nahmen gern daran teil, und seit dem Übergang vom 16. zum 17. Jahrhundert verbreitete sich das Musizieren auch in bürgerlichen Kreisen, in Vereinen oder ohne organisatorischen Rahmen im familiären Bereich. Derlei private Zusammenschlüsse pflegten sich in Deutschland und in der Schweiz als Collegia musica zu bezeichnen; in Italien nannten sie sich Akademien, in England Consorts. Auch diese Musiziergesellschaften steuerten in allmählicher Entwicklung auf die Form der Musikdarbietung zu, die für das bürgerliche Zeitalter charakteristisch wurde: auf das Instrumentalmusik aufführrende, gegen Bezahlung für jedermann zugängliche Konzert.

Wenn sich die Kapelle bis ins frühe Mittelalter zurückverfolgen läßt, so hat das Museum des bürgerlichen Zeitalters erst recht eine lange Vorgeschichte. Die Sache ist älter als der Name: Schon die Könige des Alten Orients sammelten Schätze, die sie allerdings nur wenigen zeigten, wie Kroisos von Lydien dem weisen Solon in der Erwartung, dieser werde ihn daraufhin für den glücklichsten Menschen erklären.[4] Auch die Griechen besaßen seit alters ihre Thesauroi, ihre Schatzkammern: Sie benutzten ihre Tempel als Depots für Votivgaben und sonstige Kostbarkeiten. Bei den Römern der späten Republik kam etwas auf, was dem heutigen Museum entspricht: Sie begannen in großen Ausmaßen griechische Kunstwerke, vor allem Plastiken – Originale wie Kopien –, mit ziseliertem Silber geschmücktes Geschirr und vieles andere zu sammeln. Agrippa, der Schwiegersohn des Augustus, soll bereits gefordert haben, daß alle in Privathand befindlichen Gemälde und Statuen öffentlich auszustellen seien – in der Regel waren sie nämlich unzugänglich wie die altorientalischen Schatzhäuser, und nur ein auserwählter Besucherkreis durfte sie besichtigen.

Der Name ›Museum‹ ist wie ›Musik‹ ein Derivat der Musen, jener neun Göttinnen, die für Dichtung, Gesang, Tanz, Flötenspiel und Astronomie zuständig waren. Das Wort ›Museion‹ (so die ursprüngliche, die griechische Form) bezeichnete von Hause aus ein Musenheiligtum. Das bekannteste Museion der Antike war eine Gründung des ersten Ptolemäers in Alexandrien (280 v. Chr.). Es beherbergte allerlei Gelehrte, Dichter und Künstler und enthielt eine umfängliche Bibliothek. Deren Schicksal erlangte traurige Berühmtheit: Sie ging im Winter 48/47 v. Chr. in Flammen auf, als sich dort Caesar, der, mit geringer Truppenmacht versehen, von König Ptolemaios XIII. eingeschlossen worden war, zu verzweifelter Gegenwehr genötigt sah. Die Römer gebrauchten das Wort als Bezeichnung für eine Stätte der Gelehrsamkeit, fürs Studierzimmer, und so wurde es dann auch wieder von den Humanisten verwendet. Später kam die Gepflogenheit auf, Samm-

Schloß Ambras in Tirol

lungen von Kunstwerken und Antiquitäten so zu nennen; auch gelehrte Zeitschriften trugen oft den Titel »Museum«.

Im Mittelalter sammelten die Kirchen Preziosen, mitunter auch Raritäten aus fernen Ländern, und die weltlichen Herren taten es ihnen nach. Doch erst mit der Renaissance kam das Anhäufen von Kunstschätzen und Kuriositäten richtig in Flor; es entstanden Münzkabinette, Daktyliotheken und Waffenkammern. Papst Julius II. (1503-1513) gehörte zu den Wegbereitern: Er gründete die Skulpturensammlung im Belvedere des Vatikan. Der mit einer Welser verheiratete Erzherzog Ferdinand von Tirol (gest. 1595) bewahrte im Schloß Ambras südlich von Innsbruck Kollektionen, die eine Bibliothek, eine Kunst- und eine Rüstkammer umfaßten. Kaiser Rudolf II. (1576-1612) in Prag, die sächsischen Kurfürsten in Dresden und die bayerischen Herzöge in München schlossen sich an; auch reiche Patrizier in Nürnberg oder Augsburg ließen ihrem Sammeleifer freien Lauf. In Paris, im Louvre, entstand unter Heinrich IV. (1589-1610) ein Antikensaal. Für die von Cosimo de' Medici (gest. 1464) gegründete, jedoch mehrfach geplünderte Sammlung machte das Jahr 1677 Epoche: Damals wurden berühmte Skulpturen, darunter die *Niobiden*, die bis dahin auf dem Pincio in Rom aufgestellt gewesen waren, nach Florenz geschafft.

Ein Holländer namens Samuel von Quicheberg lieferte zu dieser Phase europäischen Thesaurierens die Theorie, das System: Sein *Theatrum sapientiae* (München 1565) unterschied fünf Klassen fürstlicher Sammelobjekte. Die erste Klasse, historisch-genealogischen Charakters, schloß sich an die Person des Besitzers an; Stammbäume, Porträts und Landkarten fanden hier Aufnahme. Die zweite Klasse umfaßte Kunstprodukte: Skulpturen, Münzen, exotische Gerätschaften, antike Gefäße. Als die dritte figurierte das Naturalienkabinett, worin auch die Anatomie des Menschen einbezogen war. Der vierten Gruppe wies der Autor alles zu, was sich unter die Kategorie der Artes mechanicae subsumieren ließ: Musik- und Astronomieinstrumente, Handwerkszeug, chirurgische Instrumente, Jagdgeräte und Spiele. Die fünfte Klasse stimmt in etwa mit der heutigen Bildergalerie – nebst Kupferstichkabinett – überein. Wie ersichtlich, waren in dieser Zusammenstellung Natur und Kunst, Naturwissenschaft und Kunstsinn noch nicht voneinander geschieden; Quichebergs enzyklopädisches Denken verweist auf altüberkommene, damals noch hochangesehene Schatzkammern in Buchform wie die *Naturalis historia* des älteren Plinius oder die *Etymologiae* des Isidor von Sevilla.

Italien war wie üblich vorausgeeilt: mit den Medici in Florenz an der Spitze, mit Rom, Neapel, Venedig und anderen Städten. Während des 17. und 18. Jahrhunderts griff das Sammelwesen in großem Stile auf andere Länder über, und so etablierte sich in ganz Europa die feudale Vorstufe des bürgerlichen, für jedermann zugänglichen Museums. Die größeren Residenzschlösser pflegten eigens für die Sammlungen vorgesehene Räumlichkeiten zu enthalten: für die Bildergalerie, die Skulpturen, die Bibliothek mit Kupferstich- und Münzkabinett, die Instrumentenkollektion und für Buntgemischtes, z. B. für die zahlreichen Geschenke, mit denen die regierenden Herren im Laufe der Zeiten bedacht wurden.

# III. TEIL: DIE SACHBEREICHE

## 7. Kapitel: **Die Literatur**

Das Thema ›literarischer Kanon‹ ist gegenwärtig von höchster Aktualität. In Deutschland nahm sich unlängst kein Geringerer als Bundespräsident Herzog seiner an: Als in Frankfurt am Main neben Goethes Geburtshaus das Goethe-Museum wiedereröffnet wurde, warb er für einen »allgemein anerkannten Literaturkanon«[1]. In Deutschland ist solch Werben vielleicht nötiger als anderswo: Allzuviel wurde, so scheint es, in den aufgeregten Jahren nach 1968 über Bord geworfen, und allzu deutlich läßt sich jetzt der Traditionsverlust an der literarischen Ignoranz eines großen Teils der jüngeren Generation ablesen. Doch hiervon und von der möglichen Hauptursache dieser Misere soll erst später die Rede sein, im Zusammenhang mit dem Bericht von allerlei in verschiedenen Ländern unternommenen Versuchen, Listen aufzustellen, die die wichtigsten Werke der antik-europäischen Tradition zu enthalten beanspruchten.

Die älteren Kanones der Literatur hatten zu einem guten Teil die Produzenten von Texten im Auge, d. h. sie wollten Muster für kunstgerechtes Schreiben an die Hand geben, für das Abfassen sei es poetischer, sei es prosaischer Werke, die bestimmten Normen genügen sollten. So verhielt es sich im Falle der Liste, mit der das Handbuch des römischen Rhetoriklehrers Quintilian aufwartet: Sie führt, nach den Gattungen Epos – Lyrik – Drama und Geschichtsschreibung – Beredsamkeit – Philosophie geordnet, sowohl griechische als auch römische Autoren vor, durch deren Lektüre der angehende Redner seinen Geschmack und sein stilistisches Können veredeln soll. So verhielt es sich auch noch in Gottscheds *Versuch einer kritischen Dichtkunst*: Das Kapitel »Vom guten Geschmacke eines Poeten« nennt eine Reihe lateinischer, italienischer, französischer, niederländischer und deutscher

Autoren, die man sich bei eigenen Hervorbringungen zum Vorbild nehmen solle.[2] Mit dem Schwinden des rhetorischen Regelsystems und mit dem Nachlassen des Glaubens an die Lehrbarkeit von Dichtung – beides ereignete sich gegen Ende des 18. Jahrhunderts – erlosch auch die Nachfrage nach diesem Typ literarischer Kanones.

Um so mehr tat sich ein anderer Typus hervor, der sich ebenfalls bis in die Antike zurückverfolgen läßt: Listen von Autoren oder Texten, die zum obligatorischen Pensum der Schullektüre gehörten. Der Grammatikunterricht der Spätantike konzentrierte sich auf die sogenannte Quadriga: Vergil, Terenz, Sallust und Cicero. Im Mittelalter wiederum wurden umfängliche Verzeichnisse angelegt, die sowohl heidnische als auch christliche Schriftsteller enthielten: Konrad von Hirsau z. B. verfaßte (um die Mitte des 12. Jahrhunderts) einen *Dialogus super auctores*, der sich im wesentlichen mit antiken und spätantiken Schriftstellern begnügte; Hugo von Trimberg hingegen stellte im Jahre 1280 einen Dichterkatalog zusammen, der zu drei Vierteln (59 von 80) aus mittelalterlichen Autoren bestand. Die Kanones dienten zwar allesamt der Wahrung von Tradition; die literarischen waren indes begreiflicherweise weit weniger fest als ihr Vorbild, der biblische. So veränderten sie sich, zumal in geistesgeschichtlichen Schwellenzeiten; es wurde schon erwähnt,[3] daß die italienischen Humanisten auf die mittelalterlichen und die Philologen des ausgehenden 18. Jahrhunderts auf die neulateinischen Schriftsteller verzichteten.

Die herausragende Erscheinung der europäischen Neuzeit sind die repräsentativen Kanones der einzelnen Nationalliteraturen; mit ihnen erhob man den Anspruch, der Antike Ebenbürtiges vollbracht zu haben und zum engen Kreis der kulturtragenden Völker zu gehören. Diese Kanones waren im wesentlichen klassizistisch imprägniert; man kann sie geradezu als einen Reflex der klassizistischen Epoche (vom 15. bis zum 19. Jahrhundert) bezeichnen.

Italien machte den Anfang: Dies entsprach den literari-

Raffael, Der Parnaß
Vatikan, Stanza della Segnatura,
um 1510

schen Gipfeln, die das 14. und das 16. Jahrhundert mit dem Dreigestirn Dante, Petrarca, Boccaccio einerseits und mit Epikern wie Ariost und Tasso andererseits hinterlassen hatten. Die italienische Literaturgeschichtsschreibung des 19. Jahrhunderts fügte diesen Höhepunkten einen weiteren, zeitgenössischen hinzu, mit Manzoni als dem wichtigsten Repräsentanten.

Ein Bild von einmaliger Geschlossenheit steuerte Frankreich bei: Die aufsteigende Linie begann in der Renaissance, erreichte unter Ludwig XIV. mit Boileau, Racine und Molière ihre klassische Höhe und fiel im 18. allmählich wieder ab. In keinem anderen europäischen Land hat der Kanon der Klassiker so viel zur Kulturtradition beigetragen wie in Frankreich, und nirgendwo sonst hält man mit solcher Entschiedenheit daran fest.

In Spanien huldigte man gern einem eigenartigen Territorialitätsprinzip: Die römischen Autoren z. B., die, wie Seneca, auf der iberischen Halbinsel geboren waren, wurden als Wegbereiter der eigenen Literatur registriert. Diese wiederum entbehrte einer Klassik; die Zeit von Calderón (also das 16. und 17. Jahrhundert) heißt el siglo de oro, das ›Goldene Zeitalter‹. In England erfand man für die Zeit des Regiments von Königin Anna – die Zeit, in der Addison und Pope wirkten – den Terminus ›Augustan Age‹, ›Augusteisches Zeitalter‹. In Deutschland hat sich der nationale Klassikerkanon erst spät, mit und nach der Goethezeit, konstituiert, in Konkurrenz zur französischen Literatur, zugleich aber ohne nationale Enge, in offener Anerkennung der großen englischen, französischen, italienischen und spanischen Autoren.

So nimmt es nicht wunder, daß Weimar den Begriff ›Weltliteratur‹ erfand. Man hat neuerdings einen älteren Beleg für diesen Ausdruck bei Wieland gefunden[4] – seine öffentliche Karriere begann indes erst mit dem von Eckermann aufgezeichneten Goethe-Gespräch, das am 31. Januar 1827 stattfand. Ein chinesischer Roman, den Goethe gerade

heiten derfelben ift: felbft dasjenige was man

in den fchönften Zeiten von Rom unter dem

Wort Urbanität begriff, diefen Gefchmack

der Hauptftadt und diefe feine Tinktur von

~~Gelehrfamkeit, Weltkenntniß und Politeffe,~~

die man aus dem Lefen der beften Schrift=

fteller, und aus dem Umgang der cultivier=

teften und vorzüglichften Perfonen in einem

fehr verfeinerten Zeitalter, unvermerkt an=

Weltliteratur – Wieland ging Goethe voran:
In einem Exemplar seiner Übersetzung von Horazens Briefen,
Ausgabe 1790, änderte er eigenhändig den gedruckten Text in:
»... diese feine Tinktur von Weltkenntniß und Weltliteratur
so wie von reifer Charakterbildung und Wohlbetragen,
die man aus dem Lesen der besten Schriftsteller...«

gelesen hatte, diente zum Anlaß für Betrachtungen, wie wichtig es sei, auch Fremdes zur Kenntnis zu nehmen. Hierzu Goethe:[5]

Ich sehe immer mehr, daß die Poesie ein Gemeingut der Menschheit ist und daß sie überall und zu allen Zeiten in Hunderten und Aberhunderten von Menschen hervortritt. Einer macht es ein wenig besser als der andere und schwimmt ein wenig länger oben als der andere, das ist alles [...] Ich sehe mich daher gerne bei fremden Nationen um und rate jedem, es auch seinerseits zu tun. Nationalliteratur will jetzt nicht viel sagen, die Epoche der Weltliteratur ist an der Zeit, und jeder muß jetzt dazu wirken, diese Epoche zu beschleunigen.

Der Ausdruck wurde nicht ohne Bedenken hingenommen. Die Abhandlung *Über Aufgaben und Grenzen der Literaturgeschichte* von Werner Milch befaßt sich neben anderem mit der Frage des Zusammenhangs von National- und Weltliteratur. Wer heutzutage eine Literatur betrachte, konstatiert Milch zu Recht,[6] denke an eine nationale Literatur: an die Einheit von Walther von der Vogelweide bis Rilke, von Chaucer bis Eliot. Die Sprache sei die Grenze, welche die Literaturen voneinander trenne, und auf der höchsten Stufe sei Dichtung nicht übersetzbar. Gleichwohl erfasse die Fixierung auf das Nationale nur die halbe Wahrheit: Die europäischen Literaturen hätten ja allesamt dieselben Wurzeln; sie seien aus der großen Tradition der lateinischen Literatur hervorgegangen. Es bedürfe zwischen National- und Weltliteratur einer vermittelnden Kategorie, der abendländischen Literatur, die auf der Einheit des europäischen Kulturkreises beruhe. Hierauf habe die Literaturgeschichte bislang nicht Bedacht genommen. Die üblichen sogenannten Geschichten der Weltliteratur behandelten nacheinander die chinesische, indische, ägyptische, griechische, englische, russische, deutsche usw. Literatur, als wären sie allesamt im gleichen Sinne nationale Literaturen. Statt dessen müßte eine allgemeine Literaturgeschichte zunächst die auf griechischen und christ-

Goethe, als er mit Eckermann über Weltliteratur sprach
(1831/1832)
Zeichnung von Karl August Schwerdgeburth

lichen Gedanken beruhende Literatur Europas von anderen Kulturkreisen absondern: Sie sei eine Einheit, keine Weltliteratur, aber der übergreifende Zusammenhang, der die sprachlich verschiedenen Nationalliteraturen Europas überhaupt erst ermögliche.

Als Werner Milch diese Betrachtungen über die in den Literaturen manifeste europäische Kultureinheit zu Papier brachte, im Jahr 1950, gab es das *Neue Handbuch der Literaturwissenschaft* noch nicht, das 1972 zu erscheinen begann:[7] Dort wird die europäische Literatur insofern als Einheit vorgeführt, als nicht mehr die Sprachen und Nationen, sondern vielmehr die Epochen das oberste Prinzip der Gliederung abgeben; die 23 Bände behandeln von der Spätantike über das Mittelalter, die Renaissance, das Barock, die Aufklärung, die Romantik und den Realismus bis zur Gegenwart stets die gleichzeitigen Erzeugnisse mehrerer Literaturen – nur der Alte Orient, der ferne Osten sowie die Griechen und Römer erwiesen sich gegenüber dem Epochen-Prinzip als pièce de résistance.

Goethes Konzeption der Weltliteratur scheint aus einer verbreiteten Disposition jener Zeit hervorgegangen zu sein. Bodmer in Zürich hatte den Weg bereitet, wenn nicht zu einem weltliterarischen, so doch zu einem europäischen Kanon. Er warb – vor allem durch seine Übersetzung von Miltons *Paradise Lost* – für die damals auf dem Kontinent wenig bekannte englische Literatur; er leistete Pionierarbeit bei der Erschließung der mittelalterlichen Literatur, des Minnesangs und der Epik.

Vor allem hatten sodann die Romantiker der übernationalen Perspektive Geltung verschafft, zumal die Brüder Schlegel. August Wilhelm bemühte sich in seinen Berliner *Vorlesungen über schöne Literatur und Kunst* (1801-1804), ein großangelegtes Panorama der europäischen Literatur- und Geistesgeschichte zu geben. Besonders erfolgreich waren seine Wiener *Vorlesungen über dramatische Kunst und Literatur* (1808), worin die griechischen, römischen, italienischen, französischen, englischen, spanischen und deutschen Bühnendichter behandelt wurden – hiermit war für ungefähr ein Jahrhundert festgelegt, aus welchem Kanon von Völkern oder Sprachen sich die kanonischen Schriftsteller Europas rekrutierten. Der Katalog einer Ausstellung des Deutschen Literaturarchivs in Marbach – *Weltliteratur – Die Lust am Übersetzen im Jahrhundert Goethes*[8] – bekundet eindrucksvoll, daß August Wilhelm Schlegel, der Übersetzer Dantes, Calderóns und Shakespeares, in seinen literarhistorischen Kollegs die Maßstäbe seiner Zeit, und nicht nur seine eigenen, angewandt hat. Auf die Brüder Schlegel, schreibt Ulrich Schulz-Buschhaus in seinem Aufsatz »Kanonbildung in Europa«, »ist wohl in erster Linie zurückzuführen, daß für die verschiedenen Nationalliteraturen beispielsweise Petrarca, Ariost, Tasso, Cervantes, Lope de Vega, Molière, Racine oder Milton zur Weltliteratur gehören und daß ihnen Dante, Shakespeare, Calderón oder Goethe meist über alles gehen«.[9]

Dieser Kanon, der für das gebildete bürgerliche Lesepublikum geradezu obligatorisch war, bedarf allerdings noch einer Ergänzung: Er hat sich im Laufe des 19. Jahrhunderts auch nach Osteuropa, nach Polen und vor allem nach Rußland hin geöffnet; Mickiewicz fand viel Beachtung, und Puschkin, Gogol, Dostojewski, Turgenjew, Tschechow und Tolstoi gehörten zum Kernbestand bürgerlicher Bücherschränke.

Soviel zu den klassizistischen, an der Meßlatte der Antike sich orientierenden nationalen Kanones der europäischen Literaturen sowie zu deren Erweiterung durch eine Konzeption, die Goethe als ›Weltliteratur‹ bezeichnete, die sich indes meist mit den Hervorbringungen Europas begnügte. Neben diesen Hauptkanones, die – gemeinsam mit den in der Institution Gymnasium fest verankerten klassischen Autoren der Antike – sozusagen das literarische Rückgrat der bürgerlichen Epoche bildeten, gab es nach Zeit und Raum weniger bedeutende Zusammenstellungen belangvoller Autoren in

Fülle. An Hand der Verzeichnisse lateinischer Schulautoren wurde bereits dargetan,[10] daß ein literarischer Kanon stets nur eine relative Stabilität verbürgte: An den epochalen Bruchstellen der Entwicklung veränderte sich mit dem Geschmack und der Einstellung auch die Zusammensetzung der Lektürelisten.

Dieser Prozeß hat sich im Lauf des 19. Jahrhunderts erheblich beschleunigt: Jede neue literarische Richtung suchte mit den bis dahin konventionellen ästhetischen Normen auch deren Repräsentanten durch anderes zu ersetzen. Schon die Romantiker gaben sich nicht nur ›weltliterarisch‹, sondern mitunter auch entschieden modernistisch. Stendhals Pamphlet *Racine et Shakespeare* hielt allein die Romantik für zeitgemäß und die Klassik für etwas, woran die Urgroßeltern Gefallen gefunden hätten. Aktualität wird mit Gültigkeit gleichgesetzt, und alles Vergangene erscheint eo ipso als veraltet. Literarische Avantgarden konnten in dieser Hinsicht recht weit gehen. Huysmans, der Archeget des Dekadentismus, verdammte in seinem programmatischen Roman *À rebours* (›Gegen den Strich‹) alles, was an Schule oder Universität Rang und Namen besaß – im Werk des Horaz ist »das Geschwätz eines alten Clowns« bewahrt geblieben, und Vergil war »einer der elendesten Langweiler der Antike«[11]. Der Gegenkanon, den Huysmans präsentierte, wartete mit Ultramodernem auf, mit Edgar Allan Poe und den französischen Symbolisten. Auch die Surrealisten und die Futuristen stellten zu ihrer Legitimation solche Listen moderner ›Vorläufer‹ zusammen.

Ein gut Teil der Kanones diente zu Zeiten der Regelpoetik (wie schon erwähnt) dem Zweck, zur imitatio, zur Nachahmung einzuladen und so zum Abfassen normgerechter Texte anzuleiten. Mit der Romantik, vom Ende des 18. Jahrhunders an, verkehrte sich diese Funktion ins Gegenteil. Die Kanones (jetzt diejenigen, die für die Schule und für das lesende Publikum maßgeblich sein sollten; die die Produktion steuernden Kanones verschwanden) gaben nunmehr, im

Lesender beim Lampenlicht
Gemälde von Georg Friedrich Kersting (1814)
Stiftung Oskar Reinhart, Winterthur

Zeitalter des Originalitätsgebots, Hinweise darauf, was um der Originalität, um der Forderung willen, daß stets etwas Neues geschaffen werden müsse, zu vermeiden sei – für die Schriftsteller wurden also negative Kanones aus ihnen; die Auflistung des Gängigen nahm den Charakter eines ästhetischen Index librorum prohibitorum an. Die Formen und Inhalte wurden gleichsam verschlissen, und je mehr der Lektürekanon anschwoll, desto schmaler schien der Spielraum der Möglichkeiten zu werden, der dem nach Unverbrauchtem strebenden Autor noch zu Gebote stand.

Es hieß zu Anfang, daß wohl gerade in Deutschland für einen Literaturkanon geworben werden müsse. Die derzeitige Literaturverdrossenheit könnte dadurch bedingt sein, daß die Literatur in Deutschland weniger tief verwurzelt ist als in England und in den romanischen Ländern. Die Werke, die zuletzt und bis vor kurzem den Kanon konstituierten, sind größtenteils erst in der Goethezeit und später entstanden: ohne nennenswerte nationale Ressourcen und desto mehr darauf angewiesen, beim Fremden zu lernen und Anleihen zu machen. Vielleicht sind die Verspätung der deutschen Klassik und die Dürftigkeit eigener Traditionen hintergründige Mitursachen für die gegenwärtige Bedeutungslosigkeit der Institution Literatur.

Wie dem auch sei, an den deutschen Schulen herrscht seit etwa 30 Jahren Kanonlosigkeit; eine rühmliche Ausnahme macht lediglich Bayern. Hiermit wurde eine nahezu dreihundertjährige Tradition beendet: eine ununterbrochene Sequenz von Listen für deutschsprachige Schullektüre. Die Autoren allerdings, die in den älteren Verzeichnissen genannt werden, lösten einander rasch ab und sind heutzutage fast sämtlich vergessen; die neuhochdeutsche Literatur war erst im Entstehen begriffen. Das wichtige Lehrbuch von Morhof (1682) empfahl Opitz, Fleming und Tscherning, ferner Lohenstein, Gryphius und Hofmannswaldau sowie einige andere: Diese Autoren wurden noch – nach dem Vorbild des Lateinunterrichts – als Muster für die imitatio, das eigene

Produzieren, vorgeführt. Die Schulbücher Gottscheds (1754, 1756) wiederum verwarfen ein gut Teil der von Morhof auserwählten Dichter, insbesondere Lohenstein; diejenigen aber, die neu hinzukamen, sind der Gegenwart ebenfalls nahezu gänzlich entrückt: Canitz, Besser, Pietsch, Günther, Neukirch. Wenn man diese Namen, die auch in der *Kritischen Dichtkunst* fallen, mit den Listen fremdsprachlicher Autoren vergleicht, die derselbe Gottsched zusammengestellt hat, dann läßt sich die Verspätung der deutschen Klassik mit Händen greifen: Auf dem Konto der Deutschen stehen Unbekannte, auf denen der Römer, Italiener und Franzosen dieselben literarischen Größen, die auch heute noch dafür gelten.

Herder vollzog die Umstellung des deutschen Literaturunterrichts expressis verbis: von der Lektüre um der Nachahmung willen zur Lektüre um ihrer selbst willen, vom Ziel der Redegewandtheit zum Ziel der Bildung. Ein Schulprogramm-Entwurf des Jahres 1808 – er stammt von dem Pädagogen Niethammer – brachte zum ersten Male einen Klassikerkanon: Klopstocks *Messias*, Goethes *Hermann und Dorothea* sowie Vossens *Luise* wurden gesondert aufgeführt; dann verwies Niethammer pauschal auf die Dramen Lessings, Goethes und Schillers. Von der Mitte des 19. Jahrhunderts an zeigte sich einige Stabilität in den Lehrplänen: Klopstock, Herder, Lessing, Goethe und Schiller bildeten nunmehr den Kern der Lektüre, mit deutlicher Bevorzugung der dramatischen Gattung. Auch kamen des öfteren Shakespeare und gelegentlich Calderón vor; andererseits neigte man stark dazu, die zeitgenössische Literatur zu vernachlässigen. Der klassische Kern wurde dann allmählich sowohl in die frühere als auch in die spätere Zeit hinein erweitert: Das Mittelalter und die Reformation, die Romantik und der Realismus umgaben die Weimarer Klassik.

In Übersetzungen las man recht häufig Homer, Sophokles und – nach wie vor – Shakespeare; in einer statistischen Erhebung über das in den Schulen tatsächlich Gelesene aus dem Jahre 1960/61 nehmen Goethe, Schiller, Kleist und Lessing die ersten vier Plätze ein, während Sophokles an der sechsten, Shakespeare an der elften und Homer an der vierzehnten Stelle rangieren,[12] immer nach dem Maßstab der Häufigkeit im Lektüreunterricht. Shakespeare gehörte nun einmal seit der Goethezeit zur deutschen Schule ebenso wie zur deutschen Bühne; das Vordringen der beiden griechischen Dichter hingegen sowie die gelegentliche Berücksichtigung Platons hat man gewiß der Tatsache zuzuschreiben, daß der Griechischunterricht im Laufe des 20. Jahrhunderts ständig zurückging.

Was man zu verlieren fürchtet, dessen sucht man sich mit desto größerer Intensität zu vergewissern: So mag sich erklären, daß der Kanonfrage in den letzten Jahrzehnten erhöhte Aufmerksamkeit zugewendet wurde. Einige Zeugnisse werden in der Folge ihres Erscheinens vorgeführt. Eine Enquête des Jahres 1950, publiziert von Raymond Queneau (sie trägt den Titel *Pour une bibliothèque idéale*), eröffnet den Reigen. Es wurden 200 Schriftsteller (darunter Anouilh, Breton, Claudel, Cocteau, Eluard und Simenon – mit wenigen Ausnahmen lauter Franzosen) und andere Persönlichkeiten befragt: Sie möchten 100 Literaturwerke nennen, die jeder honnête homme, jeder Gebildete gelesen haben sollte. 40 der Befragten antworteten positiv; der Band enthält die von ihnen eingereichten Verzeichnisse.

Der Herausgeber bringt am Schluß eine ›Siegerliste‹: Er zählt die 100 am häufigsten genannten Werke auf. Shakespeare und die Bibel behaupten die beiden ersten Stellen; knapp zwei Drittel sind in französischer, über ein Drittel in anderen Sprachen verfaßt. Wenn man bedenkt, daß bei Literaturkanones natürlicherweise stets die je eigene Sprache mit einigem Vorsprung den ersten Platz einnehmen wird, dann erlaubt wohl schon dieser Befund den Schluß, daß Goethes Konzeption von der Weltliteratur (wenn man darunter hauptsächlich das Ensemble der europäischen Literaturen versteht) und das Urteil der 40 französischen Intellektuellen der Jahrhundertmitte recht gut zusammenstimmen – jene Elite Frankreichs hat offensichtlich einen europäischen Kanon besessen. Ob der Durchschnitt der gebildeten Franzosen ihm zugestimmt hätte, ist allerdings eine andere Frage.

Das Kontingent der Antike besteht aus zehn Autoren; ihm gehören Homer, Heraklit, Aischylos, Sophokles, Aristophanes, Platon und Plutarch sowie Vergil, Tacitus und Augustin an – hier überrascht das Fehlen von Cicero und Horaz. England ist – abgesehen von Shakespeare – durch Swift, Emily Brontë, Conrad, Lawrence und Joyce vertreten, aber auch durch Defoes *Robinson* sowie durch *Alice im Wunderland* von Carroll, und schließlich noch durch die Gedichte von William Blake. Es folgt die deutschsprachige Literatur mit Goethe, Hölderlin, Novalis und Kafka, ferner mit Nietzsche und – eigenartigerweise – Karl Marx; Heine, den man in einem französischen Kanon erwartet hätte, fehlt. Bei den Russen steht Dostojewski mit vier Romanen an der Spitze; es folgen Tolstoi und Gogol. Aus der spanischen Literatur haben sich nur Cervantes und García Lorca eingefunden, aus der italienischen einzig und allein Dante.

Ein Kanon ganz anderer Art entstand 1963 in London. Die graphische Industrie gab den Anstoß: Es wurden einige hundert Bücher ausgestellt, die zeigen sollten, in welchem Maße der Buchdruck auf den Verlauf der Geschichte eingewirkt habe. Aus der Belletristik wurden nur Werke zugelassen, die das Denken des Menschen spürbar beeinflußt hätten; im übrigen behaupteten die Ideengeschichte und die Wissenschaften das Feld. Der Katalog der in der Ausstellung vorgeführten Bücher erschien im Jahre 1967 unter dem Titel *Printing and the Mind of Man*; eine deutsche Ausgabe folgte unter dem Titel *Bücher, die die Welt verändern*.

In dieser vorzüglichen Liste geben 424 chronologisch geordnete Werke einen eindrucksvollen Überblick über alles, was die Europäer der Neuzeit bewegt hat. Hierzu ein willkürlich gewähltes Beispiel. Im Jahre 1800 meldete sich der deutsch-englische Astronom William Herschel mit seiner Entdeckung der infraroten Strahlen zu Wort, und im selben Jahr veröffentlichte Volta seine bedeutenden Experimente mit dem elektrischen Strom. Ebenfalls an der Schwelle des 19. Jahrhunderts erschienen die *Lyrical Ballads* der Freunde Wordsworth und Coleridge, mit einer Einleitung, welche die englische Romantik auf den Weg brachte. Im Jahre darauf begann mit den *Disquisitiones arithmeticae* des jungen Gauss eine neue Epoche der Mathematik, und im gleichen Jahr 1801 kam Pestalozzis Buch *Wie Gertrud ihre Kinder lehrt* heraus, das Fundament einer neuen Volksschulpädagogik. So geht es fort – und wenn das Ensemble der Titel kein literarischer Kanon all dessen ist, was jedermann lesen sollte, so ist es doch ein dokumentarischer Kanon, der überaus anschaulich bekundet, was das neuzeitliche Europa für die Geschichte der Menschheit bedeutet hat.

Zurück zu den eigentlichen Literaturkanones. Amerika war mit Listen dieser Art vorangegangen, mit Verzeichnissen von »Great Books«.[13] Hier sollen indes lediglich zwei deutsche Versuche erwähnt werden: die »Fischer-Bibliothek der hundert Bücher«, die Walther Killy in den sechziger Jahren unter dem Titel *Exempla classica* herausbrachte, sowie die »Zeit-Bibliothek der hundert Bücher« aus dem Jahr 1978.[14] Killys Auswahl beginnt mit Aischylos, Apuleius, Ariost, Aristophanes und Austen und fährt fort mit Balzac, Baudelaire, Boccaccio, Brontë und Büchner – sie besteht zu etwa drei Vierteln aus nichtdeutschen Werken. Sie ist rein belletristisch: Die Philosophie (selbst Platon) fehlt, desgleichen die Geschichtsschreibung, Herodot ausgenommen. Der antike Anteil (er beläuft sich auf 14 Autoren) entspricht, was die Quantität angeht, ziemlich genau der Einschätzung, welche die französischen Literaten vorgenommen hatten.

Die Hundert-Bücher-Bibliothek des Wochenblatts *Die Zeit* enthält keine Dramen und keine Lyrik, wohl aber politische Schriften und einige Philosophie. Sie besteht genau zu je der Hälfte aus deutschen und außerdeutschen Schriften.

Der Anteil der Antike ist auf Augustin, Homer, Platon, Tacitus und Vergil geschrumpft; man wundert sich, daß angesichts dieser Zurückhaltung noch der Hirtenroman des Longus der Aufnahme für wert befunden wurde.

Vor wenigen Jahren erschien in New York ein anspruchsvolles Werk: *The Western Canon – The Books and School of the Ages*, von Harold Bloom, 578 Seiten, mit Michelangelos *Jüngstem Gericht* auf dem Umschlag. Es scheint sich um eine Art Welt-Kanon aus nordamerikanischer Perspektive zu handeln. Shakespeare steht im Mittelpunkt; er gilt dem Verfasser als unvergleichlich. Etwa 20 Essays befassen sich mit insgesamt 26 Autoren. Unter ihnen ist die französische Literatur durch Montaigne, Molière und Proust repräsentiert, die deutsche durch Goethe, Kafka und – charakteristischerweise – Freud; die Italiener müssen sich mit Dante begnügen, die Spanier mit Cervantes, die Russen mit Tolstoi und die Skandinavier mit Ibsen. Außerdem erhält ein Portugiese, Pessoa, Zutritt zu dem erlauchten Kreis. Auf die Antike hingegen glaubt Blooms *Western Canon* gänzlich verzichten zu können: Im Reigen der 26 Auserwählten ist Dante das älteste Mitglied. England ist mit zehn Autoren sehr reichlich berücksichtigt, unter ihnen befinden sich die Romanschriftstellerinnen Jane Austen und George Eliot. Die Vereinigten Staaten beteiligen sich nur mit Whitman und Emily Dikkinson, Lateinamerika steuert noch Borges und Neruda bei.

Das Werk Blooms hat noch einen Appendix. Sie enthält einen zweiten, großzügigeren Kanon; er mag etwa 750 Namen nennen. Die Autoren sind nach Perioden geordnet (wie übrigens bereits der Hauptteil; allerdings fehlt dort die erste Periode): The Theocratic Age; The Aristocratic Age; The Democratic Age; The Chaotic Age, womit das 20. Jahrhundert gemeint ist. Innerhalb einer jeden Periode treten die Schriftsteller länderweise an (die deutschsprachigen werden sämtlich unter Germany aufgeführt). Die erste Periode, das theokratische Zeitalter, nennt auch Griechen und Römer.

Die vierte Periode, die Moderne, führt 161 Nordamerikaner vor, denen ungefähr doppelt so viele Namen aus der übrigen Welt gegenüberstehen – der deutsche Anteil davon beläuft sich auf 29 (darunter erstaunlicherweise Johannes Bobrowski), der französische auf 54 Autoren.

Man braucht kein Prophet zu sein, um vorauszusehen, daß auch die kommenden Jahre mit neuen literarischen Kanones aufwarten werden. Hiermit sei nicht behauptet, daß sich auch eine neue Lesebereitschaft einstellen wird. Die jüngst vergangenen Jahrhunderte haben erhebliche Veränderungen in der Seinsweise der Kanones mit sich gebracht: Der Grad ihrer Verbindlichkeit wurde stets geringer. Auf eine lange Zeit mit Literaturlisten, die in gleicher Weise für die Produktion wie – ebenso zwingend – für die Schullektüre Gültigkeit beanspruchten, folgten während der bürgerlichen Ära Kanones von minder stark verbürgter Qualität: Teils spiegelten sie die Faktizität des als klassisch Anerkannten; teils (so in der Entwicklung, die von der Romantik zur Moderne führte) nahmen sie programmatische Züge an. Was endlich in nachbürgerlicher Zeit, in den letzten Jahrzehnten zutage getreten ist, hat nur noch den Charakter von Vorschlägen, von wohlgemeinten Empfehlungen, einer großenteils der Literatur entfremdeten Gesellschaft von Fachleuten serviert. Und wenn Blooms Verfahren, die Auserwählten zugleich in Essays zu würdigen, Fortsetzer findet, dann steht zu erwarten, daß die Kanones die Lektüre der von ihnen aufgezählten Werke nicht mehr fördern, sondern ersetzen.

8. Kapitel: **Die Enzyklopädie, das Konversationslexikon**

Die Geschichte des modernen universalen Lexikons beginnt mit der Aufklärung, insbesondere mit der berühmten französischen Enzyklopädie; sie hat indes eine Vorgeschichte, die bis in die Antike, letztlich bis zur griechischen Bildungsbewegung des 5. Jahrhunderts v. Chr., bis zur Sophistik, zurückreicht. Ihr gehörte z. B. Hippias von Elis an, der vielfältiges theoretisches und praktisches Wissen für sich in Anspruch nahm; er war Enzyklopädist avant la lettre. Der Begriff ist in der frühen Neuzeit aufgekommen; er stammt vom griechischen Ausdruck ἐγκύκλιος παιδεία (enkyklios paideia) ab. Hierunter verstand man ein seit hellenistischer Zeit verbreitetes Bildungsideal, dessen ursprüngliche Bedeutung sich als ›stets wiederkehrende, landläufige, allgemein verbreitete Bildung‹ umschreiben läßt. Erst später, bei den Römern (bei Quintilian, dann wieder bei Augustin) kam die Ansicht auf, daß es sich bei der enkyklios paideia um einen ›Kreis von Wissenschaften‹ handele, um einen orbis doctrinarum – um jenes Ensemble von Fächern, das unter der Bezeichnung Artes liberales eine überaus erfolgreiche Karriere von der Spätantike bis tief in die Neuzeit hinein gemacht hat.

Die älteste erhaltene Enzyklopädie hat Martianus Capella zum Verfasser (frühes 5. Jahrhundert n. Chr.); sie trägt den Titel *De nuptiis Philologiae et Mercurii*, ›Philologias Vermählung mit Merkur‹. Sie besteht aus neun Büchern; während die beiden ersten dem mythologischen Rahmen gewidmet sind, den der Titel andeutet, behandeln die Bücher 3 bis 9 zunächst das sprachliche Trivium und sodann das mathematische Quadrivium. Auf Martianus Capella folgte Cassiodor, dessen *Institutiones* (6. Jahrhundert) die göttlichen und weltlichen Wissenschaften (die Theologie und die sieben Artes) zwar nicht selbst darstellen, wohl aber – durch Nennung der je wichtigsten einschlägigen Werke – bibliographisch erschließen, und auf Cassiodor wiederum folgte Isidor von Sevilla (frühes 7. Jahrhundert).

Isidors *Etymologiae* in zwanzig Büchern sind die umfassendste Summe allen Wissens, welche die Spätantike der Nachwelt hinterlassen hat: Auf die Artes folgen zwei praktische Disziplinen, die Medizin und die Jurisprudenz, dann die Bibelkunde, die Theologie, ferner die Philosophie und die Dichtung. Der Rest des Werkes (ab Buch 9) wartet mit einer systematisch geordneten Darstellung sämtlicher Realien auf;

dort werden nicht nur die Gegenstände der beschreibenden Naturkunde behandelt, sondern auch die gesamte menschliche Zivilisation.

Wie aus dieser Übersicht hervorgeht, hat sich der enzyklopädische Gedanke, die Vermittlung möglichst umfassenden Wissens, während der Antike in Werken konkretisiert, die aus einer Folge von jeweils nach einem System arrangierten Sachgebieten bestanden. Lexika, also Nachschlagewerke, die ihr Material in alphabetisch geordneten Stichworten darboten, waren auch in Gebrauch, jedoch weniger verbreitet. Die umfänglichste erhaltene Sammlung dieser Art ist ein byzantinisches Lexikon, entstanden um das Jahr 1000, überliefert unter dem unerklärten Titel *Suda/Suidas*.

Die Übersicht läßt weiterhin erkennen oder vermuten, daß die ursprüngliche enkyklios paideia aus einem Grund- und Allgemeinwissen bestanden hat, das jedenfalls den oberen Schichten zugänglich war. Je mehr nun aber die in Büchern festgehaltenen Enzyklopädien durch ihren Umfang über das ursprüngliche Grundwissen hinausgingen, desto exklusiver wurde der Inhalt: Der enzyklopädische Gedanke zog sich in die Studierzimmer einer Gelehrten-Elite zurück.

Hierbei blieb es unvermeidlicherweise während des ganzen Mittelalters: schon wegen der Kostbarkeit von Handschriften, nicht allein wegen der Monopolstellung der lateinischen Sprache. Auch blieb es im wesentlichen bei dem angedeuteten systematischen Aufbau; alphabetisch geordnete Wörterbücher wagten sich erst im späten Mittelalter vereinzelt hervor. Die imposanteste Enzyklopädie der Epoche hinterließ Vinzenz von Beauvais: das *Speculum maius* (13. Jahrhundert). Dieser ›Weltspiegel‹ besteht aus drei Teilen: Das »Speculum naturale« handelt von Gott und der Schöpfung, das »Speculum doctrinale« von den sieben Artes, von der Ethik sowie von den praktischen Künsten, und das »Speculum historiale« von der Weltgeschichte.

Erst in der Neuzeit fand man allmählich zur gegenwärtig noch üblichen Institution des sogenannten Konversationslexikons, zum Vorratshaus des bürgerlichen Wissens. Drei Dinge waren es hauptsächlich, durch die sich ein langsamer Wandel vollzog. Zum einen erweiterte sich der Bereich des Darstellungswürdigen. Der Lexikograph Johann Heinrich Alsted unterschied dreierlei Enzyklopädien: Darstellungen der Artes liberales, Darstellungen aller Wissenschaften und Darstellungen alles Lehrbaren. Er selbst gab mit seiner *Encyclopaedia septem tomis distincta,* seiner ›Enzyklopädie in sieben Bänden‹ vom Jahre 1630, ein Beispiel des dritten Typs, der sich in der weiteren Entwicklung allgemein durchsetzte.

Zweitens lösten die Nationalsprachen mehr und mehr das in der christlichen Ära Europas allein herrschende Latein ab, z. B. in dem ungemein erfolgreichen *Grand Dictionnaire historique* von Louis Moréri (ab 1674; die 20. und letzte Auflage erschien 1759), im *Lexicon technicum, or an Universal English Dictionary of Arts and Sciences* etc., von John Harris (1704), oder im *Allgemeinen historischen Lexikon,* im sogenannten Leipziger Lexikon von Johann Franz Buddeus (1709). Mit diesen Lexika wurde zugleich auch das dritte Prinzip der modernen Enzyklopädien verbreitet: Sie waren alphabetisch und nicht mehr systematisch geordnet.

Ein weit herausragender Markstein in der Geschichte der Lexikographie ist die berühmte *Encyclopédie, ou Dictionnaire raisonné des sciences, des arts et des métiers,* die – in 35 Bänden – 1751 bis 1780 in Paris, Neuchâtel und Amsterdam erschien. Dieses Werk bekannte sich offen zu einem Verfahren, das der Fortschritt und die Ausweitung des Wissens unvermeidlich gemacht hatten: Nicht mehr ein einzelner vermochte, wie das bisher der Fall gewesen war, den universalen Stoff zu sammeln, zu ordnen und darzubieten; hierfür mußte, wenn Vollständigkeit und Aktualität gewahrt bleiben sollten, eine Arbeitsgruppe zusammenwirken. Demgemäß erscheint auf dem Titelblatt der *Encyclopédie* eine »Société de gens de lettres« als Verfasser; die prominentesten Mitglieder dieser Société waren d'Alembert und Diderot.

# ENCYCLOPÉDIE,

## OU

# DICTIONNAIRE RAISONNE

# DES SCIENCES,

## DES ARTS ET DES MÉTIERS,

### PAR UNE SOCIETÉ DE GENS DE LETTRES.

Mis en ordre & publié par M. *DIDEROT*, de l'Académie Royale des Sciences & des Belles-Lettres de Pruffe; & quant à la PARTIE MATHÉMATIQUE, par M. *D'ALEMBERT*, de l'Académie Royale des Sciences de Paris, de celle de Pruffe, & de la Société Royale de Londres.

*Tantùm feries junéluraque pollet,*
*Tantùm de medio fumptis accedit honoris!* HORAT.

## TOME PREMIER.

### A PARIS,

Chez
{
BRIASSON, *rue Saint Jacques*, *à la Science.*
DAVID l'aîné, *rue Saint Jacques*, *à la Plume d'or.*
LE BRETON, Imprimeur ordinaire du Roy, *rue de la Harpe.*
DURAND, *rue Saint Jacques*, *à Saint Landry*, *& au Griffon.*
}

### M. DCC. LI.

### AVEC APPROBATION ET PRIVILEGE DU ROY.

Titel des
1. Bandes der Encyclopédie
(1751)

Die *Encyclopédie* wandte sich nicht nur an Wissenschaftler, sondern ausdrücklich auch an die gebildeten Laien – sie bemühte sich dementsprechend nicht nur um Wissenschaftlichkeit, sondern auch um ein Höchstmaß an Verständlichkeit. Die Gelehrsamkeit war im damaligen Frankreich im Wortsinne salonfähig geworden: Sie sollte, wie es in einer zeitgenössischen Rezension heißt, durch die *Encyclopédie* »in ihrer Tiefe, ihrem Umfange und Reichtum zu einem Gemeingut der Gesellschaft« werden, »dessen sich alle erfreuen könnten, denen Auge und Sinn für das geistige Gesamtleben in Kirche, Staat und Handel, in Wissenschaft und Kunst erwacht«[1] seien.

Das Besondere, Unvergleichliche der *Encyclopédie* war allerdings durch ein für die Lexikographie eher untypisches Merkmal bedingt. Das Werk sollte nicht so sehr überkommenes Wissen weitergeben wie dem künftigen Wissen die Richtung weisen. »On ne cite des faits«, schrieb Diderot im »Prospectus« zur *Encyclopédie*, »on ne compare des expériences, on n'imagine des méthodes que pour exciter le génie à s'ouvrir des routes ignorées, et à s'avancer à des découvertes nouvelles, en regardant comme le premier pas celui où les grands hommes ont terminés leur course.«[2] Aufklärerischer Fortschrittsglaube, verbunden mit gelegentlicher Kritik am Bestehenden, und optimistisches Vertrauen auf die menschliche Vernunft haben aus der *Encyclopédie*, dem ersten nationalen Unternehmen dieser Art, ein signifikantes Dokument der Epoche gemacht; ihre Wirkungen, die nicht auf Frankreich beschränkt blieben, lassen sich bis zur Französischen Revolution verfolgen.

Schon die Lexika des 18. Jahrhunderts machten sich den Umstand zunutze, daß es außerhalb von Schule und Universität ein an Wissen und Wissenschaft interessiertes bürgerliches Publikum gab. Dies war erst recht bei den Neuerscheinungen des 19. Jahrhunderts der Fall, selbst bei einem Werk, das sich schon durch seinen Umfang als Produkt gründlichster Gelehrsamkeit zu erkennen gab: bei *der Allgemeinen*

*Encyclopädie der Wissenschaften und Künste in alphabeti-
scher Folge* von Ersch und Gruber. Der erste Band erschien
im Jahre 1818; das Unternehmen wurde im Jahre 1889 nach
dem 167. Bande abgebrochen. Gruber verfaßte hierzu eine
Einleitung, der er den charakteristischen Titel »Über ency-
clopädisches Studium, ein Bedürfnis unserer Zeit« gab; das
enzyklopädische Studium, wie die Griechen es verstanden
hätten, erklärte er dort[3], diene dem Zweck der Menschwer-
dung in der edelsten Bedeutung des Wortes – es führe zur
allgemeinen menschlichen Bildung, zu der Bildung, die der
Mensch haben solle, weil er Mensch sei, von den Römern mit
richtigem Sinn als humanitas bezeichnet.

Besser wurden diesem Zweck gewiß weniger umfängliche,
populärere Nachschlagewerke gerecht – für sie hat sich der
Terminus ›Konversationslexikon‹ eingebürgert. Dieser Typus, der wohl vor allem in Deutschland aufkam, ging aus
den sogenannten Zeitungslexika hervor, aus Wörterbüchern,
welche die fremden und dunklen Ausdrücke aus Zeitungen,
einer schon damals sehr verbreiteten Lektüre, erläuterten.
Die Vorhut bildete das *Reale Staats- und Zeitungs-Lexicon*,
das 1704 unter der Herausgeberschaft von Johannes Hübner
zum ersten Male erschien; es nahm von der 4. Auflage an
auch den Begriff ›Conversations-Lexicon‹ in den Titel auf.

Im Jahre 1796 begann das *Conversations-Lexicon mit
vorzüglicher Rücksicht auf die gegenwärtigen Zeiten*, herausgegeben von Löbel und Franke, zu erscheinen, das im
Jahre 1808 von Friedrich Arnold Brockhaus, dem Gründer
des bekannten Hauses, erworben wurde. Dort verlautet in
der Vorrede:[4]

Vor dreißig, vierzig Jahren, als im Allgemeinen größtenteils nur eine gewisse Gattung von Kenntnissen, nämlich
die politischen, Gegenstand der Conversation war, mochte
Hübners Zeitungs- und Conversationslexicon mehr als
hinreichend seyn, das erwähnte Bedürfniß zu befriedigen,
allein zu einer Zeit, in welcher eine Menge Gegenstände
aus den verschiedensten Wissenschaften in das gesell-

schaftliche Gespräch eingedrungen sind, hat sich der Begriff der Conversation mit den Gebieten derselben gar sehr erweitert. Zu einer Zeit, in welcher ein allgemeineres Streben nach Geistesbildung, wenigstens nach dem Scheine derselben (zugleich die Ursache und die Folge der immer mehr sich verbreitenden Annäherung der Geschlechter und Stände in ihren Begriffen an einander), das Weib wie den Mann, den Nichtgelehrten wie den Gelehrten in einen gemeinschaftlichen Conversationskreis führt, in welchem man gewisse gemeinschaftliche Begriffe und Kenntnisse bei einem jeden schon aus Höflichkeit voraussetzt, deren Mangel zwar nicht selten statt findet, aber doch ohne Schaam nie verrathen wird, zu einer solchen Zeit muß ohne Zweifel ein dem gegenwärtigen Umfange der Conversation angemessenes Wörterbuch für dieselbe mehr als jemals nothwendig und nützlich sein.

Das Zitat zeigt, daß der Begriff ›Konversation‹ im Titel dieses Typus von Lexika ernst genommen werden muß, daß es dabei um Austausch im Bereich der Bildung, um Geselligkeit außerhalb beruflicher und geschäftlicher Zwecke ging, und um das bürgerliche Prinzip, auf gleichem Fuße miteinander umzugehen. Salons und Lesezirkel waren allerorten in Mode, und für all das, worüber dort geredet wurde, stand das Lexikon als Reservoir des Wißbaren bereit. In schöner Offenheit gesteht die Vorrede, daß man sich mitunter damit begnügte, nach dem bloßen Anschein von Geistesbildung zu streben. Goethe hatte also wohl einigen Grund, in den *Zahmen Xenien* zu spotten:[5]

Konversations-Lexikon heißt's mit Recht,
Weil, wenn die Konversation ist schlecht,
jedermann
zur Konversation es nutzen kann.

Brockhaus definierte sein Programm dahingehend, daß es gelte, dem »Charakter unserer Zeit« gerecht zu werden, dem »Bedürfniß aller Gesitteten, in der geistigen Welt der

Europäer als Bürger einheimisch zu seyn«. Seine Konversationslexika waren daher nicht nur alphabetisch geordnet, sondern warteten auch mit kleinen und kleinsten Artikeln auf (während andere Enzyklopädien nur größere Sachgebiete vorführten). Er war ungemein erfolgreich; von den letzten Bänden der zehnbändigen Ausgabe wurden sofort 15 000 Exemplare gedruckt. Sein Enkel Eduard Brockhaus rechnete aus, daß bis zur elften Auflage des Lexikons, erschienen 1864-1873, »etwa zwei Millionen Bände unter das Volk gekommen seien«[6].

Die Pionierleistung von Friedrich Arnold Brockhaus fand im In- und Ausland vielfache Nachfolge. Die Nachschlagewerke des Verlages Herder (ab 1853) waren vornehmlich für eine katholische Leserschaft bestimmt. Das Lexikon von Joseph Meyer übertraf den Brockhaus zunächst erheblich an Umfang (die Ausgabe von 1839 bis 1855 bestand aus 46 Bänden), wurde aber später stark reduziert. Denn Enzyklopädien veralten rasch, und auf dem Markt pflegen die Werke zu führen, die den neuesten Stand wiedergeben – wenn sie sehr umfangreich sind, ist es schwieriger, sie durch Bearbeitung zu modernisieren. In England machte sich *Chamber's Encyclopaedia* (10 Bände, 1860-1868) die Brockhausschen Prinzipien zu eigen, und in Frankreich der *Larousse – Grand dictionnaire universel du XIX*[c] *siècle* (15 Bände, 1864-1876).

Soviel zur Lexikographie im Dienste der bürgerlichen, der gebildeten Gesellschaft. Jeder, in dessen Elternhause ein *Brockhaus* oder ein *Meyer* zu Gebote stand, weiß, wie hilfreich diese Werke für Schule und Tischgespräche noch immer sind. Die Institution scheint die Umbrüche des 20. Jahrhunderts gut überstanden zu haben; auch die ›informierte‹ (oder zu informierende) Gesellschaft, die an die Stelle der gebildeten Gesellschaft getreten ist, bedarf eines hinlänglich gründlichen Nachschlagewerks. Wie weit das Internet das Lexikon überflüssig macht, bleibt abzuwarten.

## 9. Kapitel: Die Philosophie

Raffael malte um das Jahr 1510 eines der berühmtesten Bilder der vatikanischen Stanzen: *Die Schule von Athen*. Während der benachbarte *Parnaß* neben Homer auch Dante, neben Sappho auch Petrarca, überhaupt neben antiken Dichtern auch solche der Neuzeit aufbietet, wußte man offenbar der griechischen Philosophie damals nichts Ebenbürtiges zur Seite zu stellen. *Die Schule von Athen* begnügt sich durchweg mit antiken Größen in den Bereichen der Philosophie, der Mathematik und der Astronomie – von Zarathustra, dem persischen Religionsgründer (630-550 v. Chr.), und Averroes, dem arabischen Aristoteliker (12. Jahrhundert), abgesehen.

Das Gemälde scheint einen zeitgenössischen Kanon zu spiegeln: Es führt vor, was damals für wichtig gehalten wurde; es zeigt, welche Gestalten durch ihr Leben und ihre Lehre besonderen Ruhm erworben hatten. Nicht Sokrates ist die Hauptfigur (er galt spätestens seit Cicero als der Wendepunkt der griechischen Philosophie, die sich durch ihn vom Kosmos ab- und dem Menschen zugewandt habe), sondern Platon und Aristoteles sind es, die Bildmitte unter dem antiken Bogen einnehmend: links der Idealist, der zum Himmel weist, rechts der Realist, der auf die Erde deutet.

Hierin bekundet sich der Hauptdisput der italienischen Renaissance-Philosophie: Es ging darum, Aristoteles, den Fürsten der Scholastik, mit Platon, der erst zu Beginn des 15. Jahrhunderts wieder vollständig bekannt geworden war, zu versöhnen. Georgios Gemistos Plethon, ein byzantinischer Philosoph, hatte Cosimo de' Medici auf den Gedanken gebracht, in Florenz die Platonische Akademie zu erneuern (1459). Hieraus erwuchs die Grundspannung des Zeitalters, und so war denn z. B. Bessarion, Kardinal und Schüler Plethons, um einen Ausgleich mit dem Aristotelismus der überkommenen Kirchenlehre bemüht, und Pico della Mirandola suchte als *princeps concordiae* die Übereinstimmung der platonischen und aristotelischen Lehren zu erweisen.

Raffael, Die Schule von Athen
Vatikan, Stanza della Segnatura, um 1510

Die Auffassungen Plethons scheinen sich auch auf die Auswahl der Figuren ausgewirkt zu haben, wie *Die Schule von Athen* sie darbietet; daß Pythagoras und vor allem, daß Zarathustra dort einen Platz gefunden hat, nimmt sich aus wie ein Zitat: Plethon sah sich in einem großen Traditionszusammenhang, der über den Neuplatonismus der Spätantike und über Platon und Pythagoras bis auf Zarathustra zurückreichte.

Sokrates steht also abseits, wie er zu seinen Schülern spricht (links auf der oberen Ebene, unter der Apollostatue), und auch die beiden anderen Gründer der vier athenischen Hauptschulen, Zenon, der Archeget der Stoa, und Epikur, der Stifter des nach ihm benannten ›Gartens‹, haben keine ihren Rollen entsprechende Position. Demgegenüber fällt auf, wie eng Mathematik, Astronomie und Musiktheorie mit der Philosophie verbunden sind, ganz im Sinne des uomo universale der Renaissance: Rechts unten bemerkt man Archimedes und Ptolemaios, links unten den Musikwissenschaftler Aristoxenos und den Kitharöden Terpander. Signifikante Einzelfiguren sind der Perikles-Freund Anaxagoras, der einsam sitzende, an eine Steinbank sich lehnende ›dunkle‹ Heraklit und der auf der Treppe hingelagerte bedürfnislose Diogenes.

Was Raffael dem Betrachter der *Schule von Athen* bildhaft vor Augen stellt, ist während der ganzen europäischen Neuzeit gewissermaßen der Sockel der philosophischen Bildung geblieben, der Kenntnisse also, die auch dem philosophischen Laien geläufig zu sein pflegten. Die folgenden Jahrhunderte haben allerdings nicht ungern auf die mathematisch-physikalische Komponente dieses Kanons verzichtet und sich dafür um so mehr auf die Ethik und die Staatsphilosophie konzentriert, wobei auch die von Raffael übergangenen lateinischen Autoren, wie Cicero oder Seneca, zu ihrem Recht kamen.

Auf diesem Felde hat gewiß – nicht weniger als im Bereich der Dichtung – die Schule, das Gymnasium für Stabilität und

Kontinuität gesorgt: Die herausragenden philosophischen Schriftsteller der Griechen und Römer, Platon und Plutarch, Cicero und Seneca, hatten von jeher zum gymnasialen Lektüreprogramm gehört. Und mit den Autoren wurden zugleich die üblichen Formen des philosophischen Gesprächs und der philosophischen Betrachtung übermittelt: der Dialog, der Brief, die Abhandlung, der Essay und auch – am Beispiel des Lukrez – das Lehrgedicht.

Die griechische Philosophie als das große Wagnis einer rationalen Betrachtung der Welt und Analyse des Menschen war sicherlich ein wesentlicher Bestandteil des europäischen Bildungskanons; hierzu gehörten ein gewisser Überblick über die Hauptrichtungen und einige Kenntnis dessen, was die großen Denker gelehrt haben, auf den Gebieten der Logik, der Ethik, der Physik (im antiken Sinne: der Kosmologie) und der Metaphysik. Diese Lehren aber begegnen der Nachwelt nicht nur in ihren ursprünglichen Quellen, den Schriften der großen Denker selbst, sondern auch in vielfältiger Rezeption späterer Epochen, in vielfältiger Brechung nicht nur in philosophischen Werken, sondern allerorten in der Literatur. Und die Philosophie war und ist in höherem Maße als all die anderen Bereiche, die zum europäischen Bildungskanon gehören, als die Literatur, das Theater, das Museum, ja selbst als die Musik, ein gesamteuropäisches, sowohl überzeitliches als auch übernationales, allerdings auch ein elitäreres, auf kleinere Kreise beschränktes Phänomen – und gleichwohl neben der christlichen Religion die wichtigste Säule der europäischen Kultur.

Vieles von ihr pflegt man in dem Maße als etwas, das sich von selbst versteht, hinzunehmen, daß es kaum bemerkt wird – etwa ihre Terminologie. Termini technici, Fachausdrücke, aus der Gemeinsprache übernommene und in bestimmter Weise definierte sowie eigens neu gebildete, gibt es, seit es Wissenschaft gibt, seit der hippokratischen Medizin und seit der von den Sophisten ersonnenen Rhetorik. Indes, alle diese Terminologien, diese fachgebundenen Sondersprachen, blieben isoliert und wurden nur von den jeweiligen Spezialisten verwendet; lediglich der Berufsjargon der Philosophen (und außerdem allenfalls noch einiges aus der rhetorischen Theorie) machte Karriere in den Kreisen der Intellektuellen, der Gebildeten, selbst wenn sie der Philosophie nicht sonderlich nahestanden.

Vielleicht hätte auch das römische Recht ein derartiges gemeineuropäisches Begriffsstratum erzeugen können – dies geschah nicht, weil es überall schon einheimische Rechtsordnungen mit eigenen Termini gab, als es rezipiert wurde; da man diese nationalsprachlichen Termini auch dann beibehielt, wenn man die Inhalte dem römischen Recht anpaßte, ist dieses nur im Verborgenen, sozusagen in einer tieferen Schicht, anwesend.

Eine derartige, durch Verdeutschung zugedeckte Schicht enthält auch die philosophische Sprache: ›Gewissen‹ gibt συνείδησις / conscientia wieder, und ›Mitleid(en)‹ συμπάθεια / compassio; ›Gegensatz‹ übersetzt ἀντίθεσις und ›Entwicklung‹ evolutio. Das meiste aber liegt offen zutage, wie ein beliebiger Artikel aus einem Wörterbuch philosophischer Begriffe zeigt:[1]

allgemein, mhd. aus all und gemein (= gemeinsam, lat. communis), allen oder allem gemeinsam [...]. Die entsprechenden Begriffe sind gr. kathólou ›im Ganzen‹, ›im Allgemeinen‹, katholikós ›das Ganze betreffend‹, ›allgemein‹, ›durchgängig‹, im Unterschied zu katá méros, ›teilweise‹, ›abwechselnd‹, ›im besonderen‹ und kath' hékasta ›im Einzelnen‹, ›jeder einzelne‹, lat. universalis ›zum Ganzen, zur Gesamtheit gehörig‹, im Unterschied zu particularis ›einen Teil betreffend‹, specialis ›besonder‹ und individualis ›unteilbar‹, singularis ›einzig‹. Es ist zu unterscheiden: 1. das interobjektive, von allen Gegenständen der Erkenntnis aussagbare, die Beziehung zwischen Objekt und Objekt herstellende, und das intersubjektive, allen Menschen zukommende, das Verhältnis zwischen Subjekt und Subjekt herstellende A.; 2. das absolute, allem oder allen zukommende, und das komparative, nur allen Objekten oder Subjekten einer bestimmten Gruppe zukommende A.; 3. das empirische, das aus der täglichen Erfahrung und aus der wissenschaftlichen Einzelforschung durch Abstraktion gewonnene, und das apriorische, der Erfahrung und Forschung zugrunde gelegte, Erkenntnis des Besonderen und Einzelnen überhaupt erst ermöglichende A.; 4. das qualitative A. (Generelle), das inhaltlich Verschiedenes, z. B. Stufen höherer Gattungen, niederer Gattungen und Arten, zuläßt, und das quantitative oder numerische A. (Universale), das die Gleichheit aller vorkommenden Fälle, z. B. in Klassen, durch ihren Zusammenschluß ausdrückt.

Hier wird dargetan, welche griechischen und lateinischen Begriffe ›allgemein‹ wiedergibt und welche Bedeutungsunterschiede zu beachten sind; diese aber erläutert der Artikel durch vier Alternativen, die sämtlich aus lateinischen oder griechischen Ausdrücken bestehen – und diese philosophischen Termini gehören fast alle auch dem Alltagsvokabular der Gebildeten an. Im zitierten Text herrschen lateinische Begriffe vor – im ganzen sind wohl gleich viele Wörter griechischen wie lateinischen Ursprungs in Gebrauch. Hierauf kommt es indes nicht an: Letztlich gehen alle philosophischen Begriffe auf das Griechische zurück; die lateinischen sind Übersetzungen, großenteils angefertigt von Cicero, Seneca oder Boethius.

Die Peripatetiker, d. h. die Philosophen, die der von Aristoteles gegründeten Schule angehörten, schreibt Cicero,[2] kennten zwei Gattungen von Schriften: eine, die in volkstümlicher Weise, allgemeinverständlich abgefaßt sei, und eine andere, bei der es strenger, genauer zugehe. Die Unterscheidung, die Cicero hier erwähnt, war spätestens seit Aristoteles geläufig. Dieser selbst bezeichnete diejenigen unter seinen Schriften, die für ein breiteres Publikum bestimmt waren, als ›exoterisch‹, ›für die Außenwelt verfaßt‹; sie zeichneten sich durch eine sorgfältig ausgearbeitete Form aus – meist waren es Dialoge. Die anderen Schriften hingegen, roh und skizzenhaft, wollten lediglich dem internen Schulgebrauch dienen, als Gedächtnisstütze für den Lehrvortrag und für weitere Forschungen; man nennt sie ›akroamatisch‹, ›für den Vortrag aufgezeichnet‹ oder ›esoterisch‹, von welchem Ausdruck man jedoch das Bedeutungsmerkmal ›geheim‹, ›nur Eingeweihten zugänglich‹ fernhalten muß. Es hat der Überlieferung gefallen, von Platon nur die exoterischen Schriften, die für ein breiteres Publikum verfaßten Dialoge zu bewahren, während von Aristoteles – wenige Fragmente ausgenommen – lediglich ein Stapel esoterischer Abhandlungen erhalten blieb.

Es ist nicht verwunderlich, daß die Unterscheidung ›exoterisch‹ (oder ›populär‹) – ›esoterisch‹ in der Neuzeit aufgegriffen wurde; im 18., im ›philosophischen‹ Jahrhundert erwuchs daraus ein Programm und eine Richtung philosophischer Schriftstellerei, die Popularphilosophie. Es ist nicht jedermanns Sache, selbst philosophierend das Richtige zu finden; es ist andererseits Sache vieler, bei der Philosophie Orientierung zu suchen. Diese Janusköpfigkeit einer von wenigen Fachleuten betriebenen und für viele Laien bestimmten Philosophie mußte gleichsam von selbst dazu führen, daß zweierlei Schriften entstanden: die das interne Gespräch der Spezialisten fortführenden und die wegweisend an die Allgemeinheit sich wendenden. Leibniz ging sogar so weit, eine ›populäre‹, klare und leicht verständliche Diktion nicht nur um bestimmter Adressaten, sondern auch um der Sache willen zu fordern, und Diderots Ausruf »Hâtons nous, de rendre la philosophie populaire« (»Eilen wir, die Philosophie populär zu machen«) fand weiten Widerhall. Kant vermochte eine allgemeinfaßliche Darstellungsweise bei den meisten Materien noch gutzuheißen; Hegel hingegen bemerkte schroff, Philosophie sei »ihrer Natur nach etwas Esoterisches, für sich weder für den Pöbel gemacht noch einer Zubereitung für den Pöbel fähig« [3].

Die Existenz exoterischer, populärer Schriften über philosophische Gegenstände beweist, daß Philosophie zur Allge-

meinbildung gehört; sie ist jedoch kein Kriterium für Zugehörigkeit oder Nichtzugehörigkeit bestimmter Werke zum
Bildungskanon. Die als ›populärphilosophisch‹ konzipierten
Schriften dienen im allgemeinen nur ihrer Gegenwart; sie
pflegen von Moden abhängig und seicht zu sein. Die Grenze
dessen, was in den Bildungskanon vordringt und was nicht,
verläuft mitten durch die ›große‹ Philosophie, d. h. durch die
Werke derer, die, ob populär oder nicht, an dem nie aufhö-
renden, über die Jahrhunderte sich erstreckenden philosophischen Gespräch teilnehmen: Der deutsche Idealismus gehört wohl nur bedingt zum Kanon der europäischen Bildung,
Nietzsche hingegen läßt sich nicht davon ausschließen.

Vielleicht empfiehlt es sich, eine weitere Unterscheidung
einzuführen. Die ›große‹ Philosophie ist ein vielgestaltiges
Phänomen, mit dem die breite Schicht der Gebildeten auf
mehrerlei Weise umgeht. Es gibt Philosophen von ›klassi-
schem‹ Rang, die – wegen ihres Inhalts und zugleich wegen
ihrer stilistischen Vorzüge – auch nach Jahrhunderten noch
von nicht wenigen wirklich gelesen werden; es gibt andererseits Philosophen von nicht geringerer, vielleicht sogar größerer Bedeutung als die erste Kategorie, die indes – wegen der
Schwierigkeit, Trockenheit oder Langatmigkeit ihrer Texte –
außerhalb der Fachwelt nur noch indirekt zur Kenntnis genommen werden: nicht durch ihre Schriften selbst, sondern
durch Vermittlung anderer, durch Literaten und Philosophie-
historiker. Philosophie als Teil des Bildungskanons hat viele
Facetten: Einige ihrer Erzeugnisse sind Begleiter fürs Leben;
andere werden gelegentlich studiert, und bei wieder anderen
begnügt man sich, gewissermaßen im philosophie- und geistesgeschichtlichen Vogelflug, ihre Existenz zur Kenntnis zu
nehmen.

Das Gesagte läßt sich mit Goethe exemplifizieren. Für ihn
stand am Anfang die Beschäftigung mit der griechischen
Philosophie; diese diente der Einführung, sie fungierte gleichsam als Euklid der Weisheitslehre. Sie wurde von außen
an den knapp Fünfzehnjährigen herangetragen, von einem

Hegel, hinter dem Katheder sitzend;
vor ihm Studenten, denen er Testate erteilt
Lithographie von Franz Kugler, 1828

Hauslehrer, vor dem Studium in Leipzig. Der Hauslehrer benutzte einen philosophiegeschichtlichen Abriß, verfaßt von dem Augsburger Pfarrer Johann Jakob Brucker. Goethe behauptet in *Dichtung und Wahrheit*, daß ihn jener Unterricht nicht sonderlich berührt habe; auch ein philosophisches Kolleg, das er während seines ersten Leipziger Semesters besuchte, habe ihn keineswegs aufklären wollen.[4] Einiges muß jedoch hängengeblieben sein, etwa über Sokrates, der ihm zunächst lediglich »für einen trefflichen weisen Mann« gegolten hatte: Im Jahre 1772 berichtet er Herder, daß er Leben und Tod des Sokrates studiere: Er wolle ihn von den Übermalungen seiner Bewunderer befreien und statt eines Heiligen als großen Menschen erscheinen lassen.[5] Bereits nach seiner Rückkehr aus Leipzig aber (im Winterhalbjahr 1769/70) hatte er sich mit dem Neuplatonismus zu beschäftigen begonnen,[6] der viel tiefer von ihm Besitz ergreifen sollte als alles andere, den einzigen Spinoza ausgenommen. So lassen sich an Goethes Werdegang die verschiedenen Rezeptionsweisen philosophischer Überlieferung ablesen, wie sie auch sonst, wenn auch nicht mit so weitreichenden Folgen, vorzukommen pflegen: vom Überblickswissen, das nun einmal zur Bildung gehört, bis zu einer die eigene Weltanschauung prägenden Macht.

## 10. Kapitel: Die Geschichte

Die Geschichte, richtiger: das Bewußtsein von der Geschichtlichkeit der menschlichen Kultur, hat das bürgerliche Zeitalter, als es seinen Höhepunkt erreichte, im 19. Jahrhundert,
augenfälliger und nachhaltiger geprägt als jede andere Instanz; das geschichtliche Denken durchdrang die Religion,
die Philosophie, die Künste und die Wissenschaften, kurz die
gesamte europäische Tradition. Der Historismus, eine ein-
fühlend-verstehende Hermeneutik, die alle Epochen der Vergangenheit aus ihren eigenen Voraussetzungen und nicht nach
vorgegebenen, ›überzeitlichen‹ Maßstäben zu deuten suchte,
sowie die Romantik machten wieder verfügbar, was in frü-
heren Jahrhunderten, insbesondere durch die Aufklärung,
verdrängt und verschüttet worden war. Das historische Bewußtsein fungierte als umfassende Kategorie des europäischen Selbstverständnisses: Es diente der gebildeten Schicht
als Vehikel der Bestimmung des eigenen Standortes und erlaubte ihr zugleich, sich in alle einstigen Perioden zurück-
zuversetzen. In einigen Bereichen schien das Bedürfnis nach
Teilhabe am Vergangenen so stark zu sein, daß es den Willen
zu eigenen Formen lähmte – am auffälligsten bei der Architektur, welche die großen Stile von einst wiederzubeleben suchte
und in Neoromanik, Neogotik, Neorenaissance schwelgte.

Das bürgerliche Zeitalter hatte, als Ganzes betrachtet, ein
spannungsreiches Verhältnis zur religiös-kulturellen Überlieferung. Die erste Phase, die Aufklärung, verschrieb sich der
Philosophie, dem Vernunftglauben, und alles Historische
erschien aus der Perspektive eines wirklich oder vermeintlich
erreichten Fortschritts als ein ›Noch-nicht‹. In der zweiten
Phase, beim Übergang vom 18. zum 19. Jahrhundert, wurde
dieses Verhältnis zur Vergangenheit gleichsam auf den Kopf
gestellt. Die Geschichtswissenschaft avancierte zur Leitdiszi-
plin, und die Vergangenheit fungierte als Repertoire für Beispiele, für abschreckende und zumal für anfeuernde: Dort
fand man die Ursprünge und das Wesen der eigenen Nation,

Historienmalerei des 19. Jahrhunderts:
Die Rückkehr des Grafen von Gleichen (um 1230)
Gemälde von Moritz von Schwind (um 1864)
Schack-Galerie, München

und so wurde man nicht müde, in der Historienmalerei und im historischen Roman Szenen daraus wiederzugeben.

Der Kontrast der Phasen darf indes nicht darüber hinwegtäuschen, daß es neben dem Trennenden auch Verbindendes gab: Der Fortschrittsgedanke der Aufklärung ist zugleich ein – lediglich einseitig gefärbter – Entwicklungsgedanke, und mit eben diesem Prinzip arbeiteten die großen Geschichtsdeuter des 18. Jahrhunderts, Vico, Montesquieu, Voltaire und andere, den Geschichtsschreibern des 19. Jahrhunderts vor. Daher haben die beiden Phasen der bürgerlichen Epoche auch gemeinsam, daß die eine wie die andere ihr Teil zur Historiographie als zu einem Signum der ganzen Epoche beitrug.

Die ›Geschichte als Bildungsmacht‹ – so der Titel einer Schrift von Gerhard Ritter, verfaßt unmittelbar nach dem Zweiten Weltkrieg[1] – ist noch wenig erforscht. Fest steht, daß es seit dem 17. Jahrhundert an höheren Schulen Unterricht in Geschichte gegeben hat und daß hierbei Kompendien benutzt wurden, die ein Gerüst von Tatsachen andienten; fest steht auch, daß die Werke der großen Geschichtsdeuter und -darsteller, angefangen mit Montesquieu und Gibbon, nicht nur von Fachleuten beachtet wurden, sondern auch in breiten Kreisen der Gebildeten Leser fanden, und zwar weit über ihr Jahrhundert hinaus. Doch etwas, das sich mit den Versuchen, einen literarischen Kanon zu erstellen, vergleichen ließe, gibt es auf dem Felde der Historiographie noch nicht: Man müßte zunächst einmal rekonstruieren, welche historischen Werke in welchen Sprachen und zu welchen Zeiten in welchen Mengen gedruckt worden sind.

Noch mehr ist man hinsichtlich der Fragen auf Mutmaßungen angewiesen, wie der Kanon allgemein bekannter historischer Tatsachen beschaffen war und welche Art von Ploetz-Tabelle jeder Gebildete im Kopfe trug, ferner welche historischen Deutungszusammenhänge sich wann und wo großer Verbreitung erfreuten. Man darf annehmen, daß die Antike während der ganzen bürgerlichen Epoche eine Vorzugsstellung innehatte, daß man, da die Geschichtsschreiber der Griechen und Römer als beispielhaft galten, auch den dort behandelten Stoffen eine beispielhafte Bedeutung beimaß.

Man darf weiterhin annehmen, daß sich die anerkannten Deutungszusammenhänge, das Geschichtsbild und das Geschichtsbewußtsein von Jahrhundert zu Jahrhundert, ja von Generation zu Generation verschoben und veränderten, bald rasch und beinahe ruckartig, wie infolge der Französischen Revolution und der Napoleonischen Kriege, bald gemächlich, wie z. B. zwischen der Revolution von 1848 und dem Ersten Weltkrieg. Man zitiert gern eine Unterscheidung, die Heimpel einmal getroffen hat: Die historische Bildung, stellt er fest,[2] sei etwas anderes, Wesentlicheres als die bloße historische Lehre. Man mag diese Alternative verwenden, um überzogene Ansprüche an die ›Lehrmeisterin Geschichte‹ abzuwehren – für die Frage nach der Rolle der Geschichte im Kanon der bürgerlichen Bildung läßt sie sich schwerlich fruchtbar machen; dort gingen Einzeltatsachen und Ereignisfolgen, topische Bewertungen einzelner Zeiten und Völker sowie ein allgemeines, zumindest Europa umfassendes Kulturbewußtsein ineinander über.

Die Geschichtswissenschaft und die Geschichte als Gegenstand der allgemeinen Bildung mußten während der frühen Neuzeit einen langwierigen, mühevollen Weg zurücklegen, bis sie sich, etwa um die Wende vom 18. zum 19. Jahrhundert, allgemein durchzusetzen vermochten, und zwar in der Gestalt, in der sie sich auch gegenwärtig noch zu präsentieren pflegen: als einerseits von religiösen Prämissen befreite, andererseits um die dem jeweiligen Stoff immanenten Deutungszusammenhänge bemühte Disziplin. Zunächst, zu Beginn der Neuzeit, wurde Geschichte noch weithin mit Geschichtsschreibung gleichgesetzt; diese aber galt als Sache darstellerischer Fähigkeiten, also der Rhetorik, und überhaupt war alles Geschichtliche, sofern es wahrgenommen wurde, im überkommenen sprachlichen Trivium angesiedelt, insbesondere die Lektüre römischer Historiker, wie des Sallust oder des Livius. Die wichtigsten Formen der Historiographie wiederum, die Kirchengeschichte und die Weltchronik, behandelten ihre Gegenstände nach Maßgabe christlicher, an der Heilsgeschichte orientierter Schemata: der Lehre von den sechs Zeitaltern und zumal der von den vier Reichen, nach deren Untergang das Weltende eintrete. Im 16. und 17. Jahrhundert wurde etappenweise der Weg zu einer säkularen, von christlichen Heilserwartungen absehenden Geschichtsauffassung gebahnt, bis endlich in den Jahren 1685 bis 1696 das erste Lehrbuch erschien, das seinen Stoff nach rein weltlichen Kriterien gliederte: die *Historia universalis, in antiquam, medii aevi ac novam divisa* des Christoph Cellarius.

Trotz mannigfaltiger Ansätze (die Humanisten hatten erste Versuche einer nationalen Geschichtsbetrachtung unternommen, und das Sammeln und Sichten von Rechts- und Staatsaltertümern nahm eine wichtige Stelle ein) stand die Geschichte auch im 17. Jahrhundert noch ziemlich armselig da: Man wies ihr den Rang einer Rumpelkammer zu; man bezweifelte, daß sie – im Vergleich mit der Philosophie, insbesondere der Ethik – Erhebliches zu leisten vermöge. Hinter dieser niedrigen Einschätzung stand in letzter Instanz ein Verdikt, das Aristoteles im 9. Kapitel seiner *Poetik* ausgesprochen hatte: Der Geschichtsschreiber, verlautet dort,[3] teile nur das wirklich Geschehene mit, der Dichter jedoch das, was geschehen könne; daher sei Dichtung etwas Philosophischeres und Ernsthafteres als Geschichtsschreibung – die Dichtung befasse sich mit dem Allgemeinen, die Geschichtsschreibung hingegen mit dem je Besonderen. Dieses Verdikt, das die Geschichte auf die Mitteilung von Tatsachen zurückstutzte (übrigens schon in der Zeit des Aristoteles zu Unrecht: das Werk des Thukydides z. B. enthält weit mehr als bloße Fakten), konnte sich wohl nur deshalb soviel Geltung verschaffen, weil der Abbau der traditionellen christlichen Deutungsmuster ein Vakuum hinterließ. Und in dem Maße, in dem sich die Geschichtsschreibung neue, säkulare Sinn-zusammenhänge und Kristallisationspunkte wie die Kultur oder die Nation erarbeitete, verlor die simplifizierende These des Aristoteles wieder an Gewicht.

Ein erster neuer Kristallisationspunkt war der moderne, aller metaphysischen Prämissen entkleidete Staat. Er manifestierte sich nicht nur in bedeutsamen Werken, allen voraus in der *Methodus ad facilem historiarum cognitionem* von Jean Bodin;[4] er wirkte sich auch in erheblichem Maße auf die Praxis des geschichtlichen Unterrichts aus. Geschichte als selbständiges, von Grammatik, Rhetorik und Autorenlektüre emanzipiertes Schulfach kam auf, als sich handfeste Bedürfnisse danach auftaten, und zwar auf seiten der Regierenden. Vom Studierzimmer der Fürstenkinder fand sie ihren Weg in das Lehrprogramm der Ritterakademien des Adels, und von dort aus schließlich in die allgemeinbildenden Institutionen, ins Gymnasium und in die Volksschule. Man hat behauptet,[5] daß sich der Geschichtsunterricht in dem Maße auf immer weitere Kreise erstreckt habe, als diese Anteil an der Führung oder jedenfalls an der Kontrolle des Staates erhielten – diese Maxime, die für das 19. Jahrhundert vielleicht zu kurz greift, gilt jedenfalls für die Anfänge in den Ritterakademien.

Dort pflegten in den Stundenplänen neben Mathematik und den Naturwissenschaften die neuen Disziplinen aufgezählt zu werden, die mit der damaligen Staatlichkeit vertraut machen sollten: Welt- und Landesgeschichte mit Geographie und Chronologie, mit Genealogie und Heraldik. Der Geschichtsunterricht hatte somit in dieser Phase, während der Aufklärung, eindeutigen Zwecken zu genügen; man hielt ihn für eine Schule der Staatsdiener, ohne die das politische Leben keinen geregelten Fortgang zu nehmen vermöge. Hierbei berief man sich gern und durchaus passend auf den Topos ›Historia magistra vitae‹, die Geschichte sei die Lehrmeisterin des Lebens: Cicero hatte ihn ja geprägt,[6] um die Verwendbarkeit historischer Tatsachen in der rednerischen Argumentation hervorzuheben. Friedrich der Große stellte demgemäß in einer Instruktion für die Berliner Ritterakademie fest, es sei einem jungen Menschen, der in der großen Welt leben wolle, nicht gestattet, Ereignisse nicht zu kennen, die in die Kette der in Europa geschehenden Dinge gehörten.[7]

Bis zum Beginn des 18. Jahrhunderts beherrschten Lehrbücher das Terrain, die – jedenfalls ursprünglich – in lateinischer Sprache abgefaßt waren. Allmählich aber setzten sich, wie überall, so auch in der Geschichtsschreibung die Nationalsprachen durch: Montesquieu bediente sich des Französischen, Hume des Englischen usw. Der Wechsel der Sprache, der dem inhaltlichen und stilistischen Niveau der Werke gewiß förderlich war, scheint Veränderungen in der Leserschaft zu bekunden: In erster Linie war offensichtlich nicht mehr eine kleine Elite von Gelehrten und Hofleuten der Adressat, sondern das gebildete Bürgertum, vorzugsweise das der eigenen Nation des Autors.

Denn die Nation, das Volk wurde nunmehr, im Zeitalter der Französischen Revolution und der Napoleonischen Kriege, zum zweiten Kristallisationspunkt der historiographischen Bemühungen und überhaupt aller Beschäftigung mit Geschichte: Die nationale Identität, das Wesen der Nation, abgeleitet aus der gesamten Vergangenheit, avancierte zum wichtigsten Ziel; die Erinnerung an gemeinsame Schicksale sollte der Übereinstimmung im Fühlen, Denken und Handeln für Gegenwart und Zukunft förderlich sein. Demgemäß wurde verlangt, daß nicht nur das gehobene Bürgertum, sondern auch das Volk im soziologischen Sinn Geschichtsunterricht erhalte: »Die Schule hat in der Jugend aus dem Volke«, schreibt Schleiermacher,[8] »das geschichtliche Bewußtsein so weit zu entwickeln und so weit sie geschichtlich zurückzuführen, bis sie an die Zeit kommt, in der eine bestimmte geschichtliche Bewegung stattgefunden, welche den gegenwärtigen Zustand veranlaßt hat, so daß das Volk zu einem lebendigen, d. h. genetischen Bewußtsein seiner Verhältnisse kommt.« Der Forderung nach Geschichtsunterricht auf den Volksschulen geschah indes erst im Lauf des 19. Jahrhunderts überall Genüge.

Daß Staat und Nation die wichtigsten Wegweiser allen Umgangs mit der Geschichte seien, blieb bis zum Zeitalter der Weltkriege eine verbreitete Überzeugung. Nicht als ob man die Geschichte noch als Beispielsammlung betrachtet und Rezepte für konkrete Situationen der eigenen Gegenwart von ihr erwartet hätte, wie es die Devise von der magistra vitae nahelegte. Der neue Sinn für das je Besondere, Einmalige alles Geschichtlichen sowie die Umwälzungen der Zeit von der Französischen Revolution bis zu den Freiheitskriegen hatten in dieser Hinsicht für einige Skepsis gesorgt. Hegel konnte daher sagen, Erfahrung und Geschichte lehrten lediglich, daß Völker und Regierungen niemals aus der Geschichte gelernt hätten,[9] und Burckhardt verstand sich zu der resignierten Feststellung, Erfahrung mache nicht so sehr klug für ein anderes Mal als weise für immer.[10]

Das Prestige, dessen sich die Geschichte zu erfreuen hatte, litt unter solchen Zweifeln an ihrer Nützlichkeit nicht im mindesten; im Gegenteil, es stieg so sehr, daß Nietzsche sich im Jahre 1874 fragte, ob nicht die Begriffe ›gebildet‹ und ›historisch gebildet‹ identisch seien.[11] Dieses Paradox erklärt sich wohl nicht zuletzt daraus, daß die Besten der Zeit längst zu einer Betrachtungsweise gefunden hatten, die weiter reichte als der Glaube, Geschichtskenntnisse seien praktisch anwendbar oder dem Nationalbewußtsein förderlich. Gemeinsam ist diesen Stimmen, daß sie die Beschäftigung mit Geschichte – unabhängig von möglicher Nützlichkeit – als Selbstzweck betrachtet wissen wollen, als Betätigung des freien menschlichen Geistes, die keiner Rechtfertigung außerhalb ihrer bedürfe, als Reflexion, durch die sich der Mensch mit Hilfe der Vergangenheit auf seine Gegenwart besinne, kurz als Manifestation seines Kulturbewußtseins.

Im »Buch des Unmuts« des *West-östlichen Divan* findet man die vielzitierten Verse:[12]

Wer nicht von dreitausend Jahren
Sich weiß Rechenschaft zu geben,
Bleib im Dunkeln unerfahren,
Mag von Tag zu Tage leben.

Fast jedes Wort ist hier Programm: Der zeitliche Rahmen von
dreitausend Jahren, also die antik-europäische Geschichte
von Homer bis zur Gegenwart, die reflexive Form »sich
Rechenschaft geben«, das »Dunkel«, durch das die »Rechenschaft« indirekt mit der Aufklärung gleichgesetzt wird, und
das Leben »von Tag zu Tage«, das den Anfang von Nietzsches »Zweiter unzeitgemäßer Betrachtung«, das Bild von
der »an den Pflock des Augenblicks« angebundenen Herde[13]
vorwegnimmt. Die Verse klingen, als stünden sie für sich – sie
bilden jedoch in Wahrheit die vierte und letzte Strophe eines
Gedichts, das so beginnt:

Und wer franzet oder britet,
Italienert oder teutschet,
Einer will nur wie der andre
Was die Eigenliebe heischet.

Die Antithese der Schlußstrophe ist also unvollständig: Goethe setzt nicht nur – gleichsam diachron – Rechenschaft gegen
Unerfahrenheit; er warnt auch vor einer synchronen Klippe,
dem selbstischen Ehrgeiz der europäischen Nationen. Die
»dreitausend Jahre« der letzten Strophe erhalten erst vor
diesem Hintergrund ihren vollen Sinn: In sie ist die Antike
einbegriffen, und wer die Antike kennt, für den relativiert
sich, was der Eigenliebe der modernen europäischen Völker
soviel Nahrung gibt. Das Gedicht läßt sich auch als Antwort
auf die säkulare Querelle des Anciens et des Modernes lesen.

Im Jahre 1821 verfaßte Wilhelm von Humboldt die Abhandlung *Über die Aufgabe des Geschichtsschreibers*.[14] Das
idealistische Kostüm mag aus heutiger Sicht überholt erscheinen: daß Weltgeschichte ohne eine Weltregierung nicht ver-

ständlich sei, daß das Geschäft des Geschichtsschreibers letztlich darin bestehe, das Streben einer Idee darzustellen, die Dasein in der Wirklichkeit zu gewinnen suche. Doch der Kern der Argumentation Humboldts bleibt hiervon unberührt: Die Geschichtsschreibung ist eine selbständige, ihren eigenen Gesetzen folgende schöpferische Kraft des Menschen, gleichberechtigt neben Dichtung und Philosophie. Humboldt erwähnt Aristoteles mit keinem Wort, und doch gibt er deutlich zu erkennen, daß er sich gegen ihn und seine Nachbeter wendet: »Auf verschiedene Weise, aber ebensowohl als der Dichter, muß [der Geschichtsschreiber] das zerstreut Gesammelte in sich zu einem Ganzen verarbeiten.« Und: »Außerdem daß die Geschichte, wie jede wissenschaftliche Beschäftigung, vielen untergeordneten Zwecken dient, ist ihre Bearbeitung nicht weniger, als Philosophie und Dichtung, eine freie, in sich vollendete Kunst.« Und auf den Adressaten historiographischer Bemühungen scheint vornehmlich der Hinweis gemünzt zu sein, daß die Geschichte nicht durch einzelne Beispiele des zu Befolgenden oder zu Verhütenden, die oft irreführten und selten belehrten, diene: »Ihr wahrer und unermeßlicher Nutzen«, fährt Humboldt fort, »ist es, mehr durch die Form, die an den Begebenheiten hängt, als durch sie selbst, den Sinn für die Behandlung der Wirklichkeit zu beleben, und zu läutern«.[15]

Goethe warnte die Geschichtsschreiber vor der Gefahr nationaler Einseitigkeit, Humboldt hingegen gab ihnen die Vollmacht zu schöpferischer Tat. Beider Aussagen gewannen erhebliches Gewicht für die Historiographie des 19. Jahrhunderts und deren bildungsbürgerliche Leserschaft: Das Denken in nationalen Kategorien verstärkte sich mehr und mehr – Goethe wurde insoweit überhört –, und die Leistungen, welche Historiker als Künstler vollbrachten, führten im Falle Mommsens dazu, daß ein Geschichtswerk, die *Römische Geschichte*, im Jahre 1902 durch den Nobelpreis für Literatur ausgezeichnet wurde – Humboldt hatte auf Formeln gebracht, was viele empfanden.

Theodor Mommsen
(1817-1903)
Photographie vom Jahre 1896

Schillers Jenenser Antrittsvorlesung *Was heißt und zu welchem Ende studiert man Universalgeschichte?*[16] vom Jahre 1789 liest sich zu Teilen wie ein Kommentar zu Goethes bündigen Versen und nimmt in anderen Teilen vorweg, was Humboldt zur schöpferischen, deutenden, die Fakten zu einem schlüssigen Ganzen vereinigenden Seite der historiographischen Tätigkeit bemerkt. Schiller fordert als Gegenstand die ganze Weltgeschichte, von den Anfängen der schriftlichen Zeugnisse bis auf die eigene Gegenwart, kurz: Er fordert Goethes dreitausend Jahre, nach heutigen Begriffen den antik-europäischen Kulturkreis. Als Lohn solchen Bemühens stellt er eine weite, aufgeklärte, menschheitliche Betrachtungsweise in Aussicht: »Licht wird sie« (die Weltgeschichte) »in Ihrem Verstande«, sagt er seinen Studenten, »und eine wohltätige Begeisterung in Ihrem Herzen entzünden. Sie wird Ihren Geist von der gemeinen und kleinlichen Ansicht moralischer Dinge entwöhnen, und indem sie vor Ihren Augen das große Gemälde der Zeiten und Völker auseinander breitet, wird sie die vorschnellen Entscheidungen des Augenblicks und die beschränkten Urteile der Selbstsucht verbessern.«[17]

Der Historiker aber – und hierin ähneln Schillers Gedanken denen Humboldts – bedarf eines philosophischen Verstandes, um die Bruchstücke der Überlieferung durch Bindeglieder zu verketten und das Aggregat zu einem vernunftmäßig zusammenhängenden Ganzen zu erheben. Überdies könne er nicht umhin, einen vernünftigen Zweck in den Gang der Welt und ein teleologisches Prinzip in die Weltgeschichte zu bringen.

Was Schillers Rede von den Äußerungen Goethes und Humboldts unterscheidet, ist ein aufklärerisch klingender Fortschrittsglaube, der voll Stolz, zugleich aber auch mit Respekt vor den Kosten auf das erreichte Kulturniveau blickt: »Aus der Geschichte erst werden Sie lernen, einen Wert auf die Güter zu legen, denen Gewohnheit und unangefochtener Besitz so gern unsre Dankbarkeit rauben: kostbare teure Güter, an denen das Blut der Besten und Edelsten klebt, die durch die schwere Arbeit so vieler Generationen haben errungen werden müssen!«[18]

Das Bürgertum des 19. Jahrhunderts hat sich gewiß in starkem Maße von den hier erörterten und ähnlichen Äußerungen leiten lassen, gaben sie doch eine dem Zeitgeist gemäße idealistische Begründung für die Beschäftigung mit der Geschichte und für deren Zugehörigkeit zur Bildung. Nietzsche unterschied in seiner »Unzeitgemäßen Betrachtung« *Vom Nutzen und Nachteil der Historie für das Leben* drei Arten von Geschichtsschreibung: eine monumentalische, die dem Tätigen und Strebenden, eine antiquarische, die dem Bewahrenden und Verehrenden, sowie eine kritische, die dem Leidenden und der Befreiung Bedürftigen diene.[19]

Von diesen drei Arten oder Funktionen historischer Schriften drang gewiß die kritische am wenigsten über den engen Kreis der Fachleute hinaus. Das gebildete Publikum hielt sich wohl vor allem an die monumentalischen Werke – wenn es erlaubt ist, diesem Begriff die verbreitetsten Darstellungen der nationalen Geschichten zuzuweisen, Michelets *Histoire de France* (1833-1867), Macaulays unvollendete *History of England* (1849-1861) oder Treitschkes *Deutsche Geschichte im 19. Jahrhundert* (1879-1894). Doch auch das Antiquarische, überwiegend Kulturgeschichtliche fand außerhalb der Wissenschaft reichlich Resonanz, z. B. *Die Geschichte der Stadt Rom im Mittelalter* von Gregorovius (1859-1872).

Eine vierte Komponente der bürgerlichen Historiographie sucht man in Nietzsches Klassifikation vergebens: die Kunst der Komposition, den glänzenden Stil, kurz, das rhetorische Element. Diese Komponente fehlt zu Recht, da sie kein abgesondertes Merkmal bestimmter Werke war: Die allgemeine Sprachkultur befand sich damals auf einem so hohen Stande, daß nicht nur die großen Historiker, sondern auch manche Repräsentanten anderer Disziplinen eine breite Leserschaft gewannen – man denke etwa an Brehm, den Autor des *Tierleben*, oder an Freud.[20]

Wie dargetan,[1] gebührt den Humanisten der Ruhm, das Theater aus der Beschränkung auf die christliche Religion, in der es während des Mittelalters verharrt hatte, befreit zu haben: Sie getrauten sich, die erhaltenen römischen Komödien, insbesondere die des Terenz, wieder aufzuführen, und schufen in Anlehnung hieran einen eigenen Typus von Stücken, das Schuldrama, das insbesondere der Einübung des – für das Universitätsstudium unabdingbaren – Lateinischen diente. Auf diese gelehrten Bemühungen folgten im Lauf des 16. Jahrhunderts, wie ebenfalls schon erwähnt wurde,[2] landessprachliche Impulse: Italien brachte zunächst die volkstümliche Commedia dell'arte und wenig später die Oper hervor.

Die neue, überaus erfolgreiche Bühnenkunst eroberte rasch das westliche und südliche Europa und entfaltete sich während des 17. Jahrhunderts zu zweimal zwei einander entsprechenden Spezies: Zur heroischen Opera seria gesellte sich die heitere Opera buffa, und im Bereich des Schauspiels kannte man wieder, wie einst in Griechenland und Rom, sowohl die Komödie als auch die Tragödie. Bei der Oper hatte – trotz Lully und Rameau – Italien den Primat inne; bei den Sprechdramen blieben – trotz der Commedia dell'arte – England, Spanien und Frankreich führend.

Mitteleuropa hingegen vermochte während des Goldenen Zeitalters der Theaterkunst nur wenig Eigenes zu bieten. Italienische und englische Schauspielertruppen durchzogen das Land. Auch die deutschen Residenzen sahen sich auf die Errungenschaften des Auslands verwiesen: Beim Drama griff man auf das französische Repertoire zurück, und die Oper war ausnahmslos eine italienische Angelegenheit. Die einheimischen Autoren bedienten sich zum Teil noch des Lateinischen – so insbesondere die Produzenten eines gegenreformatorischen Typs von Schuldramen, Dichter des Jesuitenordens wie Jakob Bidermann. Nicht selten blieben deutsche Stücke, etwa die von Gryphius, provinzielle Reflexe antiker und zeitgenössischer Vorbilder. Auch fehlte dem deutschsprachigen Gebiet ein eigener richtunggebender Mittelpunkt, wie ihn England und Frankreich in ihren Hauptstädten hatten.

All das, was in den führenden Theaterländern Europas während des 16. und 17. Jahrhunderts entstand und zunächst okkasionell teils von Laienspielern, teils von Wandertruppen dargeboten wurde, gab im Laufe der Zeit Anlaß zur Gründung ständiger Bühnen mit Spielplan und festangestelltem Personal. Dieser Typus, das Hoftheater, wurde gleichsam zum Rückgrat der europäischen Opern- und Schauspielkunst.

Das Hoftheater läßt, wie schon kurz erwähnt wurde,[3] in seiner Geschichte drei Phasen erkennen. Während der ersten Phase, die bis zur Mitte des 18. Jahrhunderts reichte oder etwas darüber hinaus, traf die Bezeichnung ›Hoftheater‹ im prägnanten Sinne darauf zu: Die Bühnen waren eine hofinterne, Außenstehenden verschlossene Angelegenheit. In Deutschland erhielten sie vor allem während dieser Periode ihr Gepräge durch die italienische Oper und das französische Drama; auch das künstlerische Personal pflegte sich im wesentlichen aus den Herkunftsländern dieser Gattungen zu rekrutieren.

Das herausragende Merkmal der zweiten Phase bestand darin, daß das Theater nicht mehr einzig und allein denen vorbehalten war, denen der Fürst, der Finanzherr der Einrichtung, den Zutritt gestattete; es stand nunmehr auch einem zahlenden Publikum bürgerlicher Herkunft offen, das durch sein Verhalten, z. B. durch Wegbleiben, Einfluß auf den Spielplan nehmen konnte. In Deutschland wurden jetzt mehr und mehr auch einheimische Schauspieler eingestellt, und es gab Versuche – etwa in Hamburg, Wien und Mannheim –, sogenannte Nationaltheater, d. h. deutschsprachige Schauspielbühnen, zu unterhalten. Gleichwohl blieb es, da sich die Französische Revolution außerhalb ihres Ursprungslandes nicht direkt auswirkte, im wesentlichen beim bisherigen äußeren Status des Hoftheaters.

Das Mannheimer Nationaltheater, ursprünglicher Zustand (um 1780)

Erst im Lauf des 19. Jahrhunderts, während der dritten Phase, liefen städtische und private Neugründungen dem Hoftheater den Rang ab. Die mittlerweile altehrwürdige Einrichtung begann in Routine zu erstarren, ihr konservatives Repertoire und ihr ebenso konservativer Inszenierungsstil machte sie zum Weihetempel eines selbstgewissen Bildungsbürgertums. Der Durchbruch zum Naturalismus und zur Moderne fand schließlich im wesentlichen auf neuen, nicht-höfischen Bühnen statt, sowohl hinsichtlich des Spielplans als auch im Bereich der Regie.

Soviel zu den Ursprüngen der theatralischen Gattungen und zu deren wichtigstem Träger, dem Hoftheater. An beidem läßt sich ablesen, daß die Bühnenkünste bei allen nationalen und nationalsprachlichen Unterschieden fast von Anfang an ein internationales, über ganz Europa verbreitetes Phänomen waren, ebenso international wie die in allen Bereichen der Politik und Kultur maßgeblichen Schichten. Daß sie einen Teil der europäischen Bildung ausmachten, gilt in dem Maße,

136

Gemälde von Mathias Artaria

in dem man anzuerkennen bereit ist, daß Bildung und Unterhaltung einander nicht notwendigerweise ausschließen. Das in der Renaissance wiederhergestellte, zunächst einer Elite vorbehaltene und dann mehr und mehr ›nach unten‹ hin sich öffnende Theater diente zweifellos primär der Unterhaltung; es versorgte in zunehmendem Maße breite Schichten der städtischen Bevölkerung mit Amüsement.

Seine Darbietungen avancierten im Bewußtsein der Beteiligten allerdings erst im Laufe des 19. Jahrhunderts zu Bildungsgütern – nicht alle, sondern nur ein kleiner Teil davon, sei es, daß die aufgeführten Werke bereits seit längerem zum Repertoire gehörten, sei es, daß sie noch neu hinzukamen. Denn gewiß waren von Anfang an Dramen und auch Opern entstanden, die mehr geben wollten als bloßen Zeitvertreib; wenn sich ein Kanon von Stücken, die als intellektuell und moralisch anspruchsvoll anerkannt wurden, erst mit einiger Verspätung durchsetzte, dann beruhte dies wohl darauf, daß deren Autoren dem Publikum vorausgeeilt waren und erst allmählich zumindest von einem Teil desselben eingeholt wurden.

Im ausgehenden 18. Jahrhundert begann sich in Europa eine Erscheinung bemerkbar zu machen, die man als ›Verbürgerlichung der Monarchie‹ zu bezeichnen pflegt: Adel und Bürgertum näherten sich in den Formen ihrer Lebenshaltung schrittweise einander an. Dies geschah auch aus ökonomischen Gründen: Die Höfe mußten sparen und konnten sich nicht mehr in dem Maße wie bisher durch Aufwand von den anderen Schichten abgrenzen; zugleich aber bemächtigten sich zunehmend aufklärerische Ideen auch der regierenden Herren und ihrer Umgebung. Dieses Grundphänomen der Sozialgeschichte blieb nicht ohne Folgen für die Entwicklung des Theaters – in Richtung auf eine bürgerliche Institution mit spezifisch bürgerlichen Merkmalen.

Hier verdient nochmals die Zulassung zahlender Zuschauer erwähnt zu werden, die teils durch ökonomische Umstände, teils durch landesväterliche Absichten des Regenten bedingt war. Das gemischte Publikum verstand sich zu Applaus oder Pfeifkonzerten, wie es ihm gefiel. »Man lache nicht!« rief Goethe einmal, als die Weimarer nicht das richtige Verständnis für das Stück aufbrachten, das gerade gespielt wurde, für Friedrich Schlegels *Alarcos*.[4] Auch etablierten sich neben den von den Höfen betriebenen Einrichtungen allerlei Privattheater; es handelte sich dabei meist um Aktiengesellschaften, die die von ihnen unterhaltenen Bühnen verpachteten. Diese Institutionen pflegten allerdings nach kurzer Lebensdauer im Bankrott zu enden – bekannte Beispiele sind das »Hamburgische Nationaltheater«, für das Lessing die *Hamburgische Dramaturgie* verfaßte (1767-1769), oder die von Karl Immermann gegründete und geleitete Düsseldorfer Bühne (1834-1837).

Eine andere, in diesem Zusammenhang wichtigere Entwicklungstendenz betraf den Wirkungszweck der Bühne und so das Repertoire, den Kanon von Stücken, deren Wert besonders hoch eingeschätzt wurde. Die Aufklärung, die

Theater und Publikum I:
Grönnegade-Theater, Kopenhagen, während der Aufführung
eines Holberg-Stückes (um 1725)
Rekonstruktionszeichnung von R. Christiansen
(19. Jahrhundert)

Säkularisierung der Kultur blieb auch für das Theater nicht ohne Folgen: Der Rückzug der christlichen Religion aus der Öffentlichkeit hinterließ Leerräume, und in diese Leerräume drangen andere Kräfte ein, die Philosophie zum Beispiel und jedenfalls auch das Theater. Schon immer hatte man, wie der Dichtung überhaupt, so auch den dramatischen Gattungen einen doppelten Wirkungszweck zuerkannt: »Aut prodesse volunt aut delectare poetae«, ›Entweder wollen sie nützlich sein oder erfreuen, die Dichter‹, lautete die klassische Formel aus der *Ars poetica* des Horaz.[5] Jetzt schlug das Pendel wieder einmal, und zwar besonders nachdrücklich, zum Nutzen hin aus, zum moralischen Nutzen, zum Besserungszweck.

Im Jahre 1773 veröffentlichte der Dramatiker Louis-Sébastien Mercier (1740-1814) seine Schrift *Du théâtre ou Nouvel essai sur l'art dramatique*; zwölf Jahre darauf erschien zum ersten Male Schillers Mannheimer Vortrag *Die Schaubühne als moralische Anstalt betrachtet* (ursprünglich: *Was kann eine gute stehende Schaubühne eigentlich wirken?*). Schillers von Mercier und anderen beeinflußte Darlegungen bekennen sich zu den typischen Maximen der aufklärerischen Poetik:[6]

Die Schaubühne gehöre zu den staatserhaltenden Kräften wie die Gesetzgebung und die Religion; sie erziehe den Zuschauer einerseits durch Schrecken und Rührung, andererseits durch Scherz und Satire zu einem tugendhaften, von Pflichtbewußtsein geleiteten Leben. Doch sollen die Menschen auch intellektuell gefördert, im Sinne Kants aus ihrer Unmündigkeit befreit werden: Die Schaubühne ist der gemeinschaftliche Kanal, in welchem von dem denkenden, bessern Teile des Volks das Licht der Weisheit herunterströmt, und von da aus in mildern Strahlen durch den ganzen Staat sich verbreitet. Richtigere Begriffe, geläuterte Grundsätze, reinere Gefühle fließen von hier durch alle Adern des Volks; der Nebel der Barbarei, des finstern Aberglaubens verschwindet, die Nacht weicht dem siegenden Licht.

Theater und Publikum II:
Eröffnung des Teatro de la Comedia,
Madrid (1875)
Zeitgenössische Zeichnung

Die Diskussion hatte schon etwa ein halbes Jahrhundert zuvor eingesetzt, in Frankreich und vor allem in Deutschland – dort mit Gottscheds Theaterreform, mit dessen Polemik gegen die unsinnig kostspielige, sowohl wegen der Singerei als auch wegen des Maschinenzaubers verwerfliche Oper und gegen die Haupt- und Staatsaktionen der Wandertruppen. Das Theater sollte vernünftig und belehrend sein; es wurde zur Kanzel, die einer missionierenden Elite dazu diente, die breite Masse des Volkes zu versittlichen. Die Theaterleute machten sich derlei Argumente gern zu eigen: Sie verschafften ihrem Tun die zeitgemäße Legitimation und verliehen ihnen das Ethos volkspädagogischer Bestrebungen. Gottsched suchte durch die Anwendung der französischen Regelpoetik (mit den Postulaten der Einheit von Ort, Zeit und Handlung) eine Tempelreinigung zu bewirken, die alles der bloßen Schaulust Dienende verbannte; Lessing meinte, die Bühne bessere das Publikum durch die Erregung von Mitleid, und selbst Goethe huldigte in *Wilhelm Meisters theatralischer Sendung* und in *Wilhelm Meisters Lehrjahren* dem epochalen Topos vom Bildungszweck der Bühne, wenn auch in anderer, komplizierterer Weise, indem das Theater dem Helden zur individuellen Selbstfindung verhilft. Es fehlte jedoch andererseits nicht an skeptischen Stimmen, die vor einer Überschätzung der erzieherischen Kräfte des Theaters warnten: »Man schreibe [...] dem Theater nicht die Macht zu, Gefühle und Sitten, die es nur nachahmen und verschönern kann, zu verändern«, schrieb schon im Jahre 1758 Rousseau.[7]

Der Einfluß all der noblen programmatischen Äußerungen auf die Wirklichkeit, die Spielpläne der Bühnen, war allerdings zunächst gering. Ein Theaterdirektor namens Friedrich Ludwig Schmidt (1772-1841) hat einmal festgestellt: »Außer dem Dichternamen ›Schiller‹ bewirkte bei uns noch derjenige von ›Goethe‹ und ›Lessing‹ unfehlbar ein leeres Haus.«[8] Kein Geringerer als Goethe selbst, der Leiter des Weimarer Hoftheaters, mußte dieser Tatsache Rechnung tragen – er mußte dem Weimaraner August von Kotzebue, dem damaligen Erfolgsdramatiker schlechthin, dem es um nichts anderes ging als um teils frivole, teils sentimentale Unterhaltung, die Spitzenposition im Spielplan seines Hauses einräumen, die er auch sonst allerorten innehatte.

Parallel zur ›bürgerlich‹-moralisierenden Deutung des Theaters veränderten sich im Laufe des 18. Jahrhunderts die Inhalte der dramatischen Gattungen, insbesondere der Tragödie. Dort pflegte seit der Renaissance die sogenannte Ständeklausel zu gelten, d. h. nur adlige Personen taugten für tragische Handlungen, weil nur sie die nötige Fallhöhe für die Katastrophe mitbrachten (hierfür konnte man sich auf die *Poetik* des Aristoteles[9] berufen) – was Bürgern und Bauern zustieß, war dagegen eo ipso ›komisch‹ und ließ sich somit nur in einer Komödie darstellen.

Diese Grundregel des Absolutismus wurde zunächst in England und Frankreich, dann auch in Deutschland durch ›bürgerliche‹ Stücke außer Kraft gesetzt, durch Stücke also, in denen bürgerliche Schicksale in einer Weise vorgeführt wurden, die bislang adligen Figuren vorbehalten gewesen war. In England prangerte der Dramatiker George Lillo die Privilegien der oberen Klassen an; seine überaus erfolgreichen Rührstücke kreisten um den selbstbewußten Bürger. In Frankreich entstand als Form des Übergangs zum bürgerlichen Trauerspiel die Comédie larmoyante, das »weinerliche Lustspiel« (so Lessing), das sich von einer Tragödie vor allem durch den glücklichen Ausgang unterschied – zumal Diderots Stück *Le père de famille* (1760) half dem Trauerspiel im Bürgermilieu den Weg bereiten. In Deutschland schließlich schrieb Lessing das erste Stück dieses Genres, *Miss Sara Sampson* (1755) – wobei ihm Lillos *The London Merchant* (1731) als Vorbild diente.

Die Zulassung der Bürger, ja des Volkes zu den Vorstellungen, die Hervorhebung des bildenden Wertes der Bühne, die Verbürgerlichung der Inhalte des Dramas: Man könnte all dem noch als vierten Gesichtspunkt hinzufügen, daß auch das Personal des Theaters, jedenfalls ein Teil davon, bürger-

Englische Schauspielkunst:
David Garrick als Richard III.
Gemälde von William Hogarth (1745)
Walker Art Gallery, Liverpool

lich wurde – bürgerliche Fachleute lösten in der Direktion der Bühnen die Adligen ab; außerdem wurde die Ausübung des Schauspielberufs nicht mehr durchweg als entehrend empfunden. Alle diese Gegebenheiten trugen dazu bei, daß der Aspekt der ›Bildung‹ das von Hause aus unbürgerliche Theater dem Bürgertum im 19. Jahrhundert stets näherbrachte – nicht im Sinne eines Zeitvertreibs, sondern einer ernsthaft sittigenden Beeinflussung.

Gleichwohl sollte man zugestehen, daß sich Theater und Bildungsbürgertum nur zum Teil aufeinander beziehen lassen. Der Unterhaltungszweck blieb in der Praxis vorherrschend, weil sich nur unter dieser Voraussetzung die Zuschauerräume und damit die Kassen einigermaßen füllen ließen. Weiterhin war das Theater nach wie vor ein wichtiger Schauplatz der Repräsentation, der Selbstdarstellung – die Mimen spielten ihre Rollen, und das Publikum spielte sich selbst, wofür allein schon der Aufwand mit Kleidern zeugt, der auf beiden Seiten der Rampe betrieben wurde.

Schließlich darf man nicht vergessen, daß das Theater, als es sich im 18. Jahrhundert dem Bürgertum zu öffnen begann, hierbei nicht Halt machte: Es zog sofort auch die Schichten an, die sozial, ökonomisch und ihrer Bildung nach unter dem Bürgertum standen. Das Theater war nicht nur von Anfang an ein gesamteuropäisches Phänomen; es wurde auch im Lauf der Zeit über alle Standesgrenzen hinweg eine gesamtgesellschaftliche, volkstümliche, alle Kreise der städtischen Bevölkerung gleichermaßen ansprechende Einrichtung. Dies war de facto so: Jedermann amüsierte sich gern, und die Stücke, die auf den Spielplänen erschienen, waren in ihrer überwiegenden Mehrzahl leichte Kost, die keine hohen Anforderungen an Intelligenz und Bildung stellte. Dies sollte aber auch jener bürgerlichen Theorie nach gelten, die dem Theater einen wichtigen Part als bildender Instanz zuwies – ganz im Sinne des bereits zitierten Schillerworts: »Richtigere Begriffe, geläuterte Grundsätze, reinere Gefühle fließen von hier durch alle Adern des Volks.«

Dem Theater fehlte die Exklusivität, welche den die bürgerliche Bildung vermittelnden Instanzen sonst im allgemeinen anhaftete: dem Gymnasium zumal, aber auch dem Museum und dem Konzertsaal, der hohen Literatur, der Philosophie, der Bildungsreise. Wenn in der zweiten Hälfte des 19. Jahrhunderts gleichwohl ein Kanon, ein Repertoire besonders bildungshaltiger Stücke zustande kam (im Bereich des Dramas deutlicher als in dem der Oper), dann kann man hierin einen Reflex des literarischen Kanons erblicken – das Bürgertum machte also auch das primär anderen Zwecken dienende Theater, so gut es eben ging, seiner Bildungsideologie nutzbar, mit der Besonderheit, daß es in diesem Falle keine Abgrenzung ›nach unten‹ gab.

Karl Ferdinand Gutzkow, der Jungdeutsche, der in den Augen vormärzlicher Regierender allzu liberale Publizist und Literat, forderte 1855 in der von ihm herausgegebenen Zeitschrift *Unterhaltungen am häuslichen Herd*, daß die öffentliche Hand die Theater subventioniere: Nur so werde dem »höheren Drama« die Pflege zuteil, die ihm zukomme, statt daß der Unterhaltungszweck und der Kommerz regierten.[10] Daß dem »höheren Drama« damals eine größere und breitere Resonanz zuteil wurde als zuvor, lassen Äußerungen führender Theaterleute vermuten: Heinrich Laube z. B., langjähriger Direktor des Wiener Burgtheaters, bemühte sich um ein Repertoire, »welches jeder gebildete Mann vollständig nennen könnte«, und stellte am Ende seines dortigen Wirkens befriedigt fest: »Der Sinn der Bevölkerung ist in seiner Tiefe viel mehr bewegt worden als früher, das Publikum ist ernster und nachdenklicher [...] geworden.« In der kulturpolitischen Wochenschrift *Die Grenzboten* verlautete 1868 zur Einweihung eines neuen Theaters in Leipzig, daß die deutsche Bühne eine »immer gesteigerte Bedeutung für die Bildung der Nation« gewonnen habe.[11]

In dieser und in ähnlichen Stimmen artikuliert sich die Genugtuung darüber, daß sich langsam aber stetig die klassischen Stücke durchsetzten, daß sich ein Kanon konstituierte –

mit einer ähnlichen Verspätung, wie sie Frankreich ein Jahrhundert zuvor mit seinen Klassikern erlebt hatte, rückten jetzt neben Lessing Schiller und Goethe auf den ersten Platz, wobei stets Shakespeare als eine Hauptsäule des deutschsprachigen Theaters fungierte. Als Signal für diese neue Ära gilt ein »Gesamtgastspiel«, das Franz Dingelstedt während seiner Münchner Zeit im Jahre 1854 veranstaltete: Damals wurden die besten Schauspieler herbeigeholt, in einem Festzyklus die folgenden Stücke aufzuführen: *Die Braut von Messina, Kabale und Liebe, Faust I, Clavigo, Egmont, Minna von Barnhelm* und *Nathan der Weise* – ferner, auf den besonderen Wunsch des Königs von Preußen, Kleists *Der zerbrochne Krug*.

Ergänzt wurde diese nationale Komponente durch eine europäische – z. B. durch den erwähnten Burgtheater-Intendanten Laube. Jenes Repertoire, »welches jeder gebildete Mann vollständig nennen könnte«, umfaßte neben den deutschen Stücken seit Lessing, die auf dem Theater Lebenskraft bewiesen hätten, Shakespeare, von den romanischen Völkern die Werke, die charakteristisch für sie seien, wie *Phädra, Donna Diana* oder *Das Leben ein Traum*, ferner gute französische Konversationsstücke.[12]

Das stark auf die europäischen Klassiker hin orientierte Repertoire des deutschen Theaters wurde von der Schule unterstützt: Dort vermochten sich jedenfalls die Weimarer um die Jahrhundertmitte einen festen Platz im Lehrplan zu sichern. Zugleich blieb der Kanon des Theaters nicht starr auf der Stufe stehen, die er damals erreicht hatte: Die avantgardistischen Richtungen, wie Naturalismus und Symbolismus, setzten sich durch, indem sie sich sezessionistisch neben der etablierten Bühne ansiedelten, und wurden nach einiger Zeit ihrerseits Bestandteile des Bildungstheaters. Auf diese Weise hat sich überall in Europa das jeweils Neue neben dem Alten einzurichten gewußt. Frankreich machte mit dem naturalistischen »Théâtre libre« in Paris (1887) den Anfang; ihm folgten z. B. die »Freie Bühne« in Berlin (1889) und das »Independent Theatre« in London (1891).

Bei der Literatur trennen die Sprachen die Völker; dort gibt es streng genommen keinen für alle Bewohner Europas verbindlichen Kanon. Ein Kern des Gemeinsamen ist, wie dargelegt, vorhanden; zu ihm gehören nicht nur die antiken Grundlagen, sondern auch die Werke eines Dante, eines Cervantes, eines Shakespeare, eines Goethe, eines Dostojewski. Zwar haben Übersetzungen viel zur Überwindung der sprachlichen Barrieren beigetragen, doch so weit reichte ihre Wirkung nicht, daß in den verschiedenen europäischen Ländern annähernd gleiche Literaturkanones bestünden. Bei der Literatur kommt das Gemeineuropäische großenteils nur in nationaler Brechung zum Vorschein; die Gattungen und die Epochen, die Formen und die Stile sind das übereinstimmende weiße Licht, aus dem das Prisma des Nationalen die einzelnen Literaturen hervorgehen läßt.

In dieser Hinsicht hat die Musik mit ihrem von den Sprachen unabhängigen Zeichensystem einen viel leichteren Stand: Sie war und ist ein gesamteuropäisches Phänomen, bei dem nationale Unterschiede eine ziemlich geringe Rolle spielen. Zur Uraufführung von Verdis *Aida*, die 1871 in Kairo stattfand, sollen auch von der westlichen Kultur bis dahin unberührte Araber eingeladen worden sein. Sie hätten, heißt es, befragt, wie ihnen das Ganze gefallen habe, geantwortet, daß sie vor allem der Anfang beeindruckt habe. Man glaubte zunächst, die Gäste hätten die Ouvertüre gemeint. Bei näherem Nachforschen stellte sich jedoch heraus, daß sich ihr Urteil auf das der Aufführung vorangehende Stimmen der Instrumente des Orchesters bezog. Se non è vero, è ben trovato – Tatsache ist, daß das Verstehen europäischer Musik Übung und Vertrautheit und sozusagen europäische Ohren voraussetzt. Gewiß hat es auch innerhalb der europäischen Musik nationale Differenzen und Spannungen gegeben, mitunter sogar ziemlich starke – wie auch in der Malerei. Und wie dort gab es im Lauf der Geschichte der

Musik nationale Hegemonien. Im 15. und 16. Jahrhundert, im Zeitalter des Kontrapunkts, dominierten die Niederländer (das heutige Belgien und Nordfrankreich eingeschlossen): nicht nur als Komponisten, auch als Ausübende, die überall in Europa das Musikleben prägten. Es folgte die große Zeit der italienischen Musik – wobei Frankreich ihr während der Herrschaft Ludwigs XIV. dank des großen Jean-Baptiste Lully die Vorherrschaft streitig zu machen suchte. Daß sich die weitere Entwicklung in den Dezennien um 1800 nach einem Mannheimer Intermezzo trichterförmig auf den einen Ort Wien konzentrierte, ist bekannt, desgleichen, daß sich die schöpferischen Kräfte danach, während der Romantik, in ganz Europa zu regen begannen – zaghaft nur in England und Skandinavien.

Bei aller Verschiedenheit nationaler Stile und bei allem nationalen Ehrgeiz: Die Musik ist, wie die bildenden Künste, gemeineuropäischer Besitz. Goethe stand noch im Bann des italienisch-französischen Gegensatzes, als er die Anmerkung »Musik« zu seiner Übersetzung von Diderots Dialog *Rameaus Neffe* verfaßte:[1] Der Italiener, schreibt er dort, genieße durch den verfeinerten äußeren Sinn; Franzosen und Deutsche hingegen suchten Verstand, Empfindung und Leidenschaft zu mobilisieren. Abschließend stellte er immerhin fest, daß sich in den besten Arbeiten der besten Meister notwendigerweise die Vereinigung dieser beiden Richtungen finden müsse. Gluck äußerte 1773 in Paris einen ähnlichen Gedanken: Er strebe nach einer Musik, erklärte er, die alle Nationen gleichermaßen anspreche, um den lächerlichen Unterschied zwischen den Nationalmusiken aufzuheben. Etwas später behauptete de Chabanon von Gluck, dessen letztes Werk habe den Weg zur Musik als der »langue universelle de notre continent«, ›der Universalsprache unseres Erdteils‹ eröffnet.[2]

Man darf somit vermuten, daß sich der Kanon der Musikwerke, die der Gebildete zu kennen pflegte und an dem er sich bei noch Unbekanntem, das er kennenlernte, orientierte, in ganz Europa einigermaßen glich, und dies traf wohl nicht nur auf das verhältnismäßig kleine Repertoire kirchlicher Musik, auf Choräle und Oratorien zu, wo das Gemeinsame schon durch die Religion verbürgt war, sondern auch auf die gesamte weltliche Musik, zumal auf die Oper und die Instrumentalmusik.

Hierbei fällt auf, welch enge Grenzen der zeitlichen Ausdehnung dieses Kanons gesteckt sind. Der literarische Kanon kann Homer nicht ausschließen und der philosophische Platon nicht, und was die Museen an Kunstwerken bergen, kann ebenso alt, ja noch älter sein. Allenfalls das Theater ist vergleichbar: Es knüpfte zwar, nachdem es während des Mittelalters verschwunden war, an antike Vorbilder an, indes diese Vorbilder, die Dramen der Griechen und Römer, gehören, auch wenn sie mitunter aufgeführt werden, überwiegend als Literatur, als Lektürepensum zum Kanon der bürgerlichen Bildung. Wenn der dramatische Kanon mit Shakespeare und Lope de Vega beginnt, sich also über ungefähr vier Jahrhunderte erstreckt, dann ist der musikalische noch stärker eingeschränkt. Berühmte Namen wie Giovanni Palestrina und Orlando di Lasso gehören schwerlich dazu, und auch das frühe Generalbaß-Zeitalter, der Anfang des Barock, repräsentiert vor allem durch Monteverdi, befindet sich allenfalls am Rande des musikalischen Kanons. Für die Oper bezeichnen Händel und Gluck die Schwelle, welche das gelegentliche Experimentieren mit älteren Werken vom lebendigen, stets verfügbaren Repertoire trennt, und auf dem Felde der Instrumentalmusik deuten die Namen Vivaldi und Bach auf dieselbe Grenzscheide.

Die Musik ist nicht nur räumlich, sondern auch zeitlich eine überaus europäische Angelegenheit, da sie ohne Vorbilder aus der Antike zustande kam: Die bürgerliche Epoche, die bei der Konstitution des Bildungskanons sonst stets auf Älteres zurückgreifen konnte, sah sich hier auf die je zeitgenössische Produktion verwiesen, und erst vom 18. Jahrhundert an blieben die herausragenden Werke auch dann Bestandteile des

Italienisches Hauskonzert
(17. Jahrhundert)
Gemälde von Giovanni Benedetto Castiglione

Kanons, wenn sie bei wachsender Distanz einer vergangenen Stilperiode anzugehören begonnen hatten. In der Musik konstituierte sich der Kanon nicht im klassizistischen Rückgriff auf eine ferne Vergangenheit, sondern nahezu gleichzeitig mit der Entstehung der maßgeblichen Werke.

Wie das Theater, so hat auch die Musik des bürgerlichen Zeitalters die höfische Kultur des Absolutismus zur Voraussetzung.[3] Den ersten Platz nahm dort die Oper ein; sie verursachte die größten Kosten und diente in höchstem Maße der höfischen Selbstdarstellung und Repräsentation. Außerdem gab es seit alters die fürstlichen Kapellen, die beim Gottesdienst mitzuwirken hatten. Sie bestanden ursprünglich aus Geistlichen und Sängern, konnten jedoch im Lauf der Zeit auch Instrumentalisten umfassen, z. B. Trompeter. Hieraus gingen allmählich die modernen Orchester hervor: Die Zahl der Instrumentalisten nahm zu; die Instrumentalmusik, zunächst auf Präludien und dergleichen beschränkt, gewann an Terrain und wurde auch zu profanen Anlässen, insbesondere zu Festlichkeiten wie Turnieren, Balletten oder sogenannten Schäfereien gespielt. Sie blieb indes bis ins 16. Jahrhundert fest mit Zwecken verbunden, die außerhalb ihrer selbst lagen, und diente zumal als Tanz- oder Tafelmusik. Es waren nicht nur Berufsmusiker, die an den Höfen musizierten; Adlige wirkten nicht selten mit, ähnlich wie sie sich die Zeit auch mit der Teilnahme an theatralischen Darbietungen vertrieben.

Die stärksten Impulse zur Verbürgerlichung des Musiklebens gingen von den bereits erwähnten,[4] durchweg aus Laien bestehenden Musiziergesellschaften aus, den Collegia musica, den Akademien, den Consorts. Diese Vereine waren es hauptsächlich, die im Laufe der Zeit das Konzert hervorbrachten: als Einrichtung, die gegen Eintritt für jedermann Instrumentalmusik vorspielte. Denn einerseits wurden in den Vereinen nach und nach auch Leute zugelassen, die nur zuhörten; andererseits ließen sich bei den Darbietungen in zunehmendem Maße Berufsmusiker hören. In England wurde es zuerst üblich, daß Hausherren Privatkonzerte vor

## His Majesty.

# PHILHARMONIC SOCIETY.

## SECOND CONCERT, MONDAY, 20th MARCH, 1820.

### ACT I.

| | |
|---|---|
| Sinfonia, No. 5 - - - - - - - - | *Haydn.* |
| Aria, " Arder Mai," Miss GOODALL - - - - | *Mozart.* |
| Concerto Piano-forte, Mr. CIPRIANI POTTER - - | *Mozart.* |
| Recit. ed Aria, MS. " Dolce pietoso Amore," Mrs. SALMON | *Garcia.* |
| Violino Obligato, Mr. SPAGNOLETTI - - - | |
| Overture, Egmont - - - - - - - | *Beethoven.* |

[Several persons having improperly gained admission to the last Concert, the Directors are most reluctantly obliged to trouble the Subscribers to shew their Tickets at the door in future.]

### ACT II.

| | |
|---|---|
| Sinfonia in E flat, MS. (composed for this Society) - - | *Ries.* |
| Aria, " Guardami," Signor BIANCHI - - - - | *Zingarelli.* |
| Quartetto, two Violins, Viola, and Violoncello, Messrs. SPOHR, | |
| WATTS, COOKE, and LINDLEY - - - - | *Spohr.* |
| Overture, Les deux Journées - - - - - | *Cherubini.* |

Leader, Mr. SPAGNOLETTI—Conductor, Mr. CRAMER.

*The Subscribers are most earnestly entreated to observe, that the Tickets are not transferable, and that any violation of this rule will incur a total forfeiture of the subscription.*

The Coachmen are to be directed to SET DOWN AND TAKE UP *with the horses' heads towards Oxford-street.*

The Programme of each Concert will be placed in the lower Saloon of the Royal Harmonic Institution for the inspection of the Subscribers, on the morning previous to the performance.

*The next Concert will be on Monday the 10th of April.*

The door is now open in *Little Argyll-street* for the egress of the Company.

Konzertprogramm
der Londoner Philharmonic Society (1820)

einem fremden Publikum veranstalteten, im allgemeinen gegen Entgelt. Ein Londoner Kohlengroßhändler namens Thomas Britton tat sich hierbei besonders hervor; seit 1678 lud er berühmte Künstler zu sich ein, darunter auch Händel, und ließ sie musizieren – der Eintritt war zunächst kostenlos und belief sich später auf zehn Schillinge fürs Jahr.

Brittons Donnerstagskonzerte fanden bald Nachahmung, auch außerhalb Englands, ab 1725 in Frankreich, einige Zeit später in Deutschland. Dort gingen aus den Collegia musica ›Liebhaberkonzerte‹ hervor, veranstaltet für alle Musikliebenden, ausgeführt im wesentlichen von Berufsmusikern. Diesen wiederum folgten im Laufe des 18. Jahrhunderts die Konzert-Gesellschaften, Konzert-Unternehmen mit allgemein zugänglichen Aufführungen. Als Veranstalter fungierten allerlei Liebhaber-Vereine, auch Kapellen und Berufsmusiker, darunter Haydn, Mozart und Beethoven. Die Symphonien des Letztgenannten stellten so hohe Anforderungen, daß für Laien unter den Instrumentalisten kein Platz mehr war – ihnen blieb hinfort nur noch der Chorgesang. Mit der zunehmenden Ausbreitung des Konzertwesens entstanden die ersten eigens zu diesem Zweck erbauten Konzertsäle. Hier ging wieder London voran; es folgte Hamburg (1761).

Das Wort ›Konzert‹ ist von dem lateinischen Verbum concertare, ›sich messen‹, ›wetteifern‹ abgeleitet; daß auch consortium, ›Teilhaberschaft‹, ›Gemeinschaft‹ Pate gestanden haben soll, läßt sich etymologisch kaum rechtfertigen. ›Konzert‹ ist in zwei Bedeutungen gebräuchlich. Der Ausdruck bezeichnet einmal eine Gattung von Musikwerken, parallel etwa zur Symphonie, zur Sonate usw. In einer älteren Form, dem Concerto grosso, ›wetteifern‹ ein Orchester und eine kleine Gruppe von Soloinstrumenten miteinander; die jüngere Form, die sich seit der Klassik durchgesetzt hat und gewöhnlich aus drei, im Aufbau stark der Sonate verpflichteten Sätzen besteht, läßt im allgemeinen ein Soloinstrument – Klavier, Violine, Cello, Klarinette usw. – gegen ein voll besetztes Symphonieorchester antreten.

Konzertsaal
im alten Gewandhaus in Leipzig

Hier ist lediglich die zweite Bedeutung des Wortes von Belang: ›Konzert‹ als die Form schlechthin, in der Musik verwirklicht wird. Denn im Unterschied zur Literatur einschließlich des Dramas, das sich auch durch Lektüre bewältigen läßt, ist es bei der Musik mit dem bloßen Text, den Noten, der Partitur, in aller Regel nicht getan: Musik muß gespielt, muß aufgeführt werden. Das Besondere am Konzert im heutigen Sinn besteht in der Radikalität, der Ausschließlichkeit von Musikverwirklichung: Es wird nur Musik, und zwar ›reine‹ Musik dargeboten, weshalb Solo- und Chorgesang nicht unter den Begriff des Konzerts (im strengen Sinn) fallen.

Die Institution Konzert pflegt sich also auf Instrumentalmusik zu beschränken; sie entwickelte sich parallel mit deren Aufstieg (der zur Zeit Bachs soweit gediehen war, daß der Vokalmusik ebenbürtige Werke entstanden) zu der heute noch üblichen Form, zu den drei Varianten Solisten-, Kammer- und Orchester- (Symphonie-) Konzert. Die Ausführenden sind meist Berufsmusiker; sie spielen vom Publikum getrennt, ihm gegenüber, auf einem Podium. Das Publikum wiederum pflegt andächtig zuzuhören: Der Konsum von Getränken und Speisen oder Unterhaltungen während des Spiels sind verpönt.

Dies mußte im späten 18. und frühen 19. Jahrhundert gegen ältere Gewohnheiten (wie sie z. B. die höfische Tafelmusik mit sich gebracht hatte) erst durchgesetzt werden: daß man einer entfunktionalisierten, von jedem Zweck losgelösten Musik mit einer ebenfalls von jedem anderen Zweck befreiten, ganz auf das Ohr konzentrierten Haltung zuhörte, in meditativer, ja mystischer Versenkung. Dieses weltliche und bürgerliche Ritual, in dem Musik als »Welt für sich selbst« (so Karl Philipp Moritz[5]) galt, setzte die gleichzeitige Präsenz von Darbietenden und Zuhörenden voraus – bis ihm, seit Beginn des 20. Jahrhunderts, mit den technischen Medien, zumal mit dem Grammophon und dem Radio, eine stetig zunehmende Konkurrenz erwuchs.

Konzertpublikum (1899)
Nach einem Gemälde von René Reinicke

Das Konzert ist gewiß die wichtigste Instanz für die Konstituierung und Bestätigung des musikalischen Bildungskanons. Sein Repertoire, dessen Kern von der Bach-Zeit bis zur klassischen Moderne (Hindemith, Bartók, Strawinsky) reicht, das aber nach beiden Richtungen erweitert werden kann, pflegte in analoger Weise in den Köpfen der Interessierten präsent zu sein.

Doch ebenso gewiß erschöpfte sich in dieser einen öffentlichen Darbietungsform nicht, was in Sachen Musik zur Allgemeinbildung gehörte. Die zweitwichtigste Darbietungsform (für nicht wenige die wichtigere) war die Oper, ein Erbstück, welches die bürgerliche Kultur vom absolutistischen Hof übernommen hat. Es wurde schon dargelegt, daß auf diesem Felde das Repertoire und folglich auch der Kanon um dieselbe Zeit einsetzen wie Repertoire und Kanon der Instrumentalmusik, mit Händel und Gluck – die gängigen Opernführer sind hierfür ein einigermaßen verläßliches Auskunftsmittel.

Drittens hat sich ein kleiner Teil der Kirchenmusik in den im übrigen säkularen Kanon der bürgerlichen Musik hinübergerettet: Kantaten, Oratorien, Messen – vor allem dank der Tatsache, daß auch die großen Komponisten der Klassik und Romantik diese Gattungen nicht gänzlich von ihrem Œuvre ausgeschlossen haben. Hier, bei den mitwirkenden Chören, hat sich auch die aktive Beteiligung von Laien über alle Perfektionierungstendenzen hinweg erhalten können.

Zum bürgerlichen Allgemeinwissen auf dem Felde der Musik gehörte wohl auch einige Vertrautheit mit den wichtigsten Gattungen, durch Konzertbesuch, durch Unterricht und durch das Studium einschlägiger Literatur, etwa eines Konzertführers: Man hatte eine mehr oder minder deutliche Vorstellung davon, wie eine Fuge oder eine Sonate aufgebaut ist, man kannte die Charakteristika eines Rondos oder eines Tema con variazioni usw.

Auch die vorwiegend italienische Terminologie, mit welcher die Komponisten ihre Werke zusätzlich auszustatten pflegen (zur Bestimmung des Tempos, der Dynamik, der Phrasierung), war weiten Kreisen geläufig – vom Grave bis zum Prestissimo, vom Pianissimo bis zum Fortissimo, vom Legato bis zum Staccato. Ein gut Teil dieser Termini hatte sich in der Gemeinsprache der Gebildeten häuslich eingerichtet, nicht zuletzt deshalb, weil viele sich selbst gern auf einem Instrument betätigten.

Die Kunst des Notenlesens war in der Regel wohl auch denen nicht unbekannt, die sich weder an hausmusikalischen Abenden noch an einem Chor beteiligten, desgleichen gewisse Anfangsgründe der Harmonielehre, wie Skalen, Intervalle, Tongeschlechter usw. Schließlich die Musikgeschichte: Die Biographien einiger Großer, wie Mozarts, Beethovens, Chopins oder Tschaikowskys erfreuten sich einer nicht geringen Beliebtheit, und überdies war man mit den Hauptmerkmalen des Stilwandels vom Barock bis zur Moderne einigermaßen vertraut.

## 13. Kapitel: Das Museum

Von den antiken und mittelalterlichen Vorläufern des modernen Museums war bereits die Rede, und ebenso von den fürstlichen Sammlungen der frühen Neuzeit, die nicht selten den Grundstock der heutigen Gemäldegalerien und Glyptotheken bilden.[1] Ein Beispiel hierfür ist die Kollektion des Erzherzogs Leopold Wilhelm von Österreich (gest. 1662), der als Oberbefehlshaber der kaiserlichen Truppen und Statthalter der Spanischen Niederlande Zeit fand, eine Fülle von Kunstwerken zu erwerben, wozu es ihm während der Hochblüte der holländischen Malerei nicht an Gelegenheiten fehlte. Der ursprüngliche Zustand seiner Sammlung ist durch etliche Bilder des jüngeren David Teniers dokumentiert; die Gemälde gelangten später nach Wien, wo sie jetzt zum Kernbestand der Galerie im Kunsthistorischen Museum zählen. Um dieselbe Zeit, unter Ludwig XIV., wurde die Sammlung des Louvre, bis dahin von ziemlich bescheidenen Ausmaßen, durch den Ankauf zweier privater Kollektionen, der des Kardinals Mazarin und der des Bankiers Jabach, erst richtig begründet.

Auch im Bereich der Bildhauerkunst sorgten die Großen der Zeit für stattliche Sammlungen, zumal im 18. Jahrhundert, das nochmals – wie die Renaissance – im Zeichen der antiken Plastik stand. August der Starke (1694-1733) legte in Dresden jene Glyptothek an, die Winckelmann die ersten Anregungen zu seiner epochemachenden Lehre vom Primat der griechischen Kunst gab, und Winckelmann war es auch, der später in Rom den Kardinal Albani (gest. 1779) bei der Beschaffung von Werken für seine Villa beriet. Clemens XIV. (1769-1774) und sein Nachfolger Pius VI. (1775-1799) erweiterten die vatikanischen Museen, und die Sammlungen in Neapel wurden um dieselbe Zeit durch Funde aus Pompeji und Herculaneum erheblich vergrößert.

Um die Mitte des 18. Jahrhunderts deuteten in geradezu vorrevolutionärer Atmosphäre erste Anzeichen auf das Kommende: auf das staatlich beaufsichtigte, allgemein zugängliche Museum als eine besondere Institution. In Frankreich wurde dieses Thema öffentlich diskutiert; man fand sich bereit – allerdings nur vorübergehend –, eine Auswahl von Bildern aus königlichem Besitz im Palais du Luxembourg an zwei Halbtagen in der Woche zur Besichtigung freizugeben. Das englische Parlament kaufte im Jahre 1753 die Bibliothek und die naturwissenschaftlichen Sammlungen des Hofarztes Sir Hans Sloane. Hieraus sowie aus Stiftungen, die bald hinzukamen, erwuchs der Grundstock des Britischen Museums in London. Diese erste staatliche Einrichtung ihrer Art wurde zwar zur allgemeinen Benutzung freigegeben, doch nur für jeweils höchstens fünfzehn Besucher, die jeweils nicht länger als zwei Stunden verweilen durften. In Florenz wurde ab 1743 die Sammlung der Medici in den Uffizien ausgestellt, und Kassel darf sich rühmen, im Fridericianum den ersten Museumsbau Europas, der als solcher geplant und errichtet wurde,

Erzherzog Leopold Wilhelm von Österreich
in seiner Gemäldesammlung zu Brüssel (1652)
Gemälde von David Teniers d. J.
Kunsthistorisches Museum, Wien

zu besitzen. Bauherr war Landgraf Friedrich II. (gest. 1785) – jener Fürst, dessen Soldatenhandel nach Amerika schon bei den Zeitgenossen viel Unwillen hervorrief.

Keine Einrichtung des bürgerlichen Bildungskosmos ist so eng mit der Französischen Revolution verknüpft wie das Museum. Aus ihr ging mit einem Schlage das öffentliche Museum als einzig legitimer Aufbewahrungsort von Kunst- und sonstigen Sammlungen hervor; sie bewirkte, daß all die Schätze, die Adel und Kirche in Jahrhunderten aufgehäuft hatten, nunmehr von jedem, der wollte, besichtigt werden konnten.

Das Museum war indes keine von Anfang an gewollte Schöpfung der Revolutionäre. Es sah vielmehr zunächst so aus, als solle sich alles nach dem althergebrachten Schema vollziehen, nach dem Rezept der Christen in der Spätantike und dem der Bilderstürmer in der Reformation: als sollten die verhaßten Hinterlassenschaften von Kirche und Adel der Zerstörung, im günstigsten Falle der Reprivatisierung durch Verkauf anheimfallen. Dieser Entwicklung gebot der Maler Jacques Louis David, Jakobiner und Mitglied des National- konvents, Einhalt: Er betrieb mit Erfolg die Einrichtung der Revolutionsmuseen. Ab 1793 durfte man den enteigneten Kunstbesitz kostenlos im Louvre besichtigen, und zwei Jahre darauf kam noch der Musée des monuments français in Klostergebäuden an der Rue des Petits-Augustins hinzu.

Es war das Verdienst Davids, daß radikales, um nicht zu sagen barbarisch anmutendes politisches Denken anderen Kriterien weichen mußte: Die historische Bedeutung und die künstlerische Qualität wurden für wichtiger gehalten, und so entging der größte Teil des Vorhandenen der Vernich- tung. Die in den genannten Museen ausgestellten Kunst- werke wurden eben hierdurch einerseits ästhetisiert: Sie büß- ten ihre bisherige Funktion, dem Prestige des Adels oder der Kirche zu dienen, ein. Andererseits sollten sie, im Museum vorgezeigt, den Triumph der neuen Epoche über die Besieg- ten illustrieren und wurden hierdurch gewissermaßen repo-

Ein Saal im Musée des monuments français
Gemälde von Hubert Robert
Kunsthalle Bremen

litisiert. Die Anordnung der Bilder folgte der Chronologie und der Sukzession der Malerschulen – man versuchte, in der fortschreitenden Geschichte der Kunst stellvertretend auch den Fortschritt der gesamtgesellschaftlichen Entwicklung darzustellen. David hob den didaktischen Zweck der von ihm durchgesetzten Einrichtung hervor: Es handele sich bei den Exponaten nicht um allerlei Luxusobjekte und Frivolitäten, die nur die Neugierde befriedigen sollten; man schreibe gleichsam Geschichte in Monumenten.

Die ursprüngliche Aussage der Revolutionsbeute wurde also neutralisiert; die Beute erhielt nunmehr die Aufgabe, die Bürger ästhetisch und vor allem historisch zu bilden. Um die neue Zweckbestimmung der Kunstwerke zu definieren, machte man Anleihen bei der überlieferten rhetorischen Theorie, bei den ciceronischen Funktionen docere – movere – delectare:[2] Statt nur zu bewegen und zu erfreuen, sollten die Gemälde nunmehr erfreuen und belehren – Prinzipien, zu denen sich auch Schinkel, der Erbauer des Alten Museums in Berlin, bekannte.

Die Revolutionsmuseen erhielten auf diese Weise einen Status, der sie als Inbegriff bürgerlicher Publizität erscheinen ließ: Wer sie besuchte, übte gleichsam sein Eigentumsrecht an den Kunstwerken aus. Das feudale Privileg des Kunstbesitzes war in einen Rechtsanspruch von jedermann umgewandelt worden. Napoleons Erfolge hatten demgegenüber lediglich die Wirkung eines kurzen Intermezzos: Die aus großen Teilen Europas zusammengeraubten Schätze dienten einer pompösen Machtdemonstration, der nach wenigen Jahren die Rückgabe an die rechtmäßigen Eigentümer folgte.

In dieser Hinsicht wußten die deutschen Fürsten die Zeichen der Zeit zu deuten: Sie räumten aus freien Stücken ein, was in Frankreich durch revolutionäre Gewalt erkämpft wurde. So entstand ein regelrechter Typus, das deutsche Fürstenmuseum. Die regierenden Häuser führten vor, daß sie die Träger der Kultur seien, und suchten hiervon gewiß auch politisch zu profitieren. Man sollte indes nicht nur Berechnung hinter diesen Bemühungen wittern; mancher Fürst war zweifellos bestrebt, sich der Zeit gemäß zu verhalten und auf neue Weise landesväterlichen Sinn zu zeigen. Diese Botschaft ist offensichtlich im allgemeinen gut angekommen: Das gehobene Bürgertum schwelgte in Kunstgenüssen und erlebte seine Empfindungen als Religionsersatz – die christliche Kunst, ihres ursprünglichen Bezugs beraubt und hierdurch zu einem autonomen ästhetischen Gegenstand ›umfunktioniert‹, wurde resakralisiert. Als paradigmatisch hierfür kann gelten, was Goethe in *Dichtung und Wahrheit* über seinen ersten Besuch der Dresdner Gemäldegalerie schreibt:[3]

> Die Stunde, wo die Galerie eröffnet werden sollte, mit Ungeduld erwartet, erschien. Ich trat in dieses Heiligtum, und meine Verwunderung überstieg jeden Begriff, den ich mir gemacht hatte. Dieser in sich selbst wiederkehrende Saal, in welchem Pracht und Reinlichkeit bei der größten Stille herrschten, die blendenden Rahmen, alle der Zeit noch näher, in der sie vergoldet wurden, der gebohnte Fußboden, die mehr von Schauenden betretenen als von Arbeitenden benutzten Räume gaben ein Gefühl von Feierlichkeit, einzig in seiner Art, das um so mehr der Empfindung ähnelte, womit man ein Gotteshaus betritt, als der Schmuck so manches Tempels, der Gegenstand so mancher Anbetung hier abermals, nur zu heiligen Kunstzwecken aufgestellt erschien.

Man muß natürlich bedenken: Dies schrieb im Jahre 1812 der Dreiundsechzigjährige über den Achtzehnjährigen – die Reise nach Dresden (von Leipzig aus) fand im Februar 1768 statt. Trotzdem könnte man hervorheben, daß dem Museum in der zitierten Passage eine durchaus unpolitische Rolle zugeschrieben wird, und man könnte auf den Kontrast hinweisen, den diese Auffassung zu der Davids erkennen läßt. Ob man die beiden Auffassungen verallgemeinern und somit eine typisch deutsche – quietistische und ästhetisierende – einer politischen in Frankreich gegenüberstellen darf, bleibe dahingestellt.

Der achtzehnjährige Goethe
in seinem Frankfurter Mansardenzimmer
Selbstporträt (1768)

Krzysztof Pomian unterscheidet in seinem Aufsatz »Museum, Nation, Nationalmuseum«[4] vier Phasen in der Entwicklung, welche die Idee ›Museum‹ von ihren Anfängen im 18. Jahrhundert bis zur Gegenwart genommen habe. Die erste Stufe werde durch das Britische Museum und den Louvre repräsentiert: Private, öffentlich nicht zugängliche Sammlungen wurden zu Nationalmuseen. Die zweite Stufe nähmen Nationalmuseen im prägnanten Sinne des Wortes ein: Häuser, die den nationalen Altertümern und der nationalen Geschichte gewidmet seien – der Typus, den die Französische Revolution ermöglicht habe. Im späten 19. Jahrhundert habe sich eine dritte Art von Museen etabliert, die sich in einem noch entschiedeneren Sinne zur Nation bekannte, von Museen der nationalen Identität und der nationalen Ideologie, wie Armeemuseen oder das Museum des Risorgimento in Turin. Viertens seien in jüngster Zeit Museen entstanden, die sich der bunten Vielfalt der Zivilisation und des täglichen Lebens annähmen.

Man mag zweifeln, ob die Klassifikation Pomians bei zwei Varianten nationaler Museen, beim zweiten und dritten Typus, einer genaueren Prüfung standhält: Tatsache ist, daß – wie das bürgerliche Zeitalter im ganzen mehr und mehr zum nationalen Zeitalter wurde – auch die bürgerliche Institution Museum zunehmend dem nationalen Gedanken, wie übrigens auch regionalen und lokalen Interessen, zu dienen bestimmt wurde. Pomian definiert die verschiedenen Arten von Nationalmuseen unabhängig davon, ob sich die von ihm dazu erklärten Häuser so nennen oder nicht – zu Recht; er weist in diesem Zusammenhang darauf hin, daß das einzige Museum in Amsterdam, das so heißt, Sparbüchsen gewidmet ist: das Nationaal Spaarpottenmuseum.

Das Wesen der ersten Spezies, von Pomian mit dem Britischen Museum und dem Louvre exemplifiziert, scheint ihm darin zu bestehen, daß sich mit ihr die betreffende Nation als der gesamteuropäischen Zivilisation zugehörig ausweist – sie ist national, indem sie die Nation in ein größeres Ganzes eingereiht wissen möchte, in das europäische Ganze. Der Louvre zeigt z. B. keineswegs nur französische Malerei, sondern auch italienische, flämische, holländische usw. Dieser Typ ist also insofern ein Nationalmuseum, als er sich selbst transzendiert und zur Universalität erhebt; ihm gehört eine erhebliche Anzahl der großen, international bekannten europäischen und nordamerikanischen Museen an.

Die zweite Spezies nationaler Museen, wie Pomian sie sieht, hat offenbar von der Romantik und der Wiederentdeckung des Mittelalters ihren Ausgang genommen. Kronzeuge hierfür ist der Musée des monuments français in Paris. Dieses Haus sei tatsächlich national, versicherte dessen erster Direktor, Alexandre Lenoir: Es zeigte im wesentlichen Schätze aus dem französischen Mittelalter. Es wurde zwar bald wieder geschlossen (1816, nach wenig mehr als zwanzigjähriger Existenz), erhielt jedoch bald darauf, im Jahre 1844, mit dem Musée de Cluny einen dem Mittelalter sich widmenden Nachfolger, und seit 1862 gab es zu Saint-Germain-en-Laye den Musée des antiquités nationales, zehn Jahre, nachdem in Nürnberg das Germanische Nationalmuseum seine Pforten geöffnet hatte. Beim ersten Typ nationaler Museen findet man also alles vor, was eine Nation mit anderen gemeinsam hat; der zweite hingegen zeigt, wodurch sich eine Nation von den anderen unterscheidet; er zeigt das Außergewöhnliche und Besondere und sammelt zumal die Spuren der nationalen Geschichte.

Das bürgerliche Kunstmuseum im Spannungsfeld nationalen Eiferertums und europäischer Weite: Dieses Phänomen des 19. und 20. Jahrhunderts läßt sich gut am Beispiel der Geschicke der Berliner Nationalgalerie illustrieren.[5] Im Alten Museum, eröffnet im Jahre 1830, und im Neuen Museum, eröffnet im Jahre 1859, war deutsche Kunst nur schwach repräsentiert. Da traf es sich günstig, daß der Berliner Bankier Wagener dem preußischen Staat seine Sammlung zeitgenössischer deutscher Malerei mit der Auflage vermachte, daß daraus eine nationale Galerie hervorgehen solle.

Die Nationalgalerie in Berlin
(um 1875)
Kolorierter Stahlstich
nach Ludwig Rohbock

So entstand das Tempelgebäude östlich des heutigen Pergamonmuseums, vollendet im Jahre 1876, versehen mit einer Inschrift, die auf die Reichsgründung verwies: »Der deutschen Kunst 1871«. Der erste Direktor, Max Jordan, Kunsthistoriker von Profession, mußte sich laut Ernennungsurkunde dazu verpflichten, dem »Ziele einer umfassenden Verherrlichung der deutschen Kunst und der großen Männer und Ereignisse des 19. Jahrhunderts durch die Kunst« zu dienen. Es entstand gleichwohl kein »patriotischer Bilderspeicher« (so die Befürchtung eines zeitgenössischen Blattes), sondern eine Auswahl aus dem Besten aller Richtungen, von den Nazarenern bis Menzel und Liebermann – was Jordan allerdings den Tadel charakterloser Vielseitigkeit eintrug.

Zu einem Eklat kam es unter Jordans Nachfolger, dem Schweizer Hugo von Tschudi. Der war bestens über alle Neuheiten in ganz Europa unterrichtet, und so erwarb er im Sommer 1896, assistiert von Liebermann, in Paris die ersten Impressionisten, darunter Manets Gemälde *Im Wintergarten*. Tschudi wollte die Inschrift an dem ihm anvertrauten Hause offenbar so aufgefaßt wissen, daß alles aufzunehmen sei, was zum Verständnis und zur Ergänzung deutscher Kunst beitragen könne. Von 54 Neuerwerbungen seines ersten Amtsjahres stammten 20 Werke von deutschen und 34 von ausländischen Künstlern, darunter von Constable, Degas und Monet; auch Italiener, Spanier und Skandinavier befanden sich darunter.

Als Tschudi die Anschaffungen zeigte, gab es Reaktionen äußersten Unwillens. Kaiser Wilhelm II. bemerkte zu einer Grunewald-Landschaft von Leistikow, dort fehle es an ›Naturwahrheit‹: Er kenne den Grunewald und sei überdies Jäger. Der Streit um die Alternative ›national – international‹ wurde von dem Gegensatz ›konservativ – modern‹ überlagert. Tschudi war – dies muß man berücksichtigen – mit seinen Auffassungen nicht nur Kaiser Wilhelm II. und anderen Berliner Kritikern weit voraus, sondern auch maßgeblichen französischen Kreisen. »Wenn der Staat solchen

Schmutz annähme, wäre es ein großer moralischer Schand-
fleck«, soll das Académie-Mitglied Gérôme erklärt haben.

Von jenem Eklat an – die neue Hängung in der National-
galerie, die im Zusammenhang mit der Zurschaustellung der
Neuerwerbungen durchgeführt worden war, durfte nicht
bleiben – mußte Tschudi alle Ankäufe und selbst Schenkungen dem Kaiser zur Genehmigung vorlegen. Tschudi ließ sich
indes nicht beirren; es gelang ihm, seiner Galerie durch
Schenkungen sowohl moderne Franzosen als auch vielerlei
Deutsches, selbst Böcklin, zu verschaffen, und eine große
»Jahrhundert-Ausstellung«, die er 1906 gemeinsam mit
Lichtwark und Meier-Graefe veranstaltete, nahm maßgeblich auf den Kanon deutscher Kunst des 19. Jahrhunderts
Einfluß. Der ständigen Querelen überdrüssig, ging Tschudi
schließlich 1909 nach München, wo er das Amt des General-
direktors der Bayerischen Staatsgemäldesammlungen übernahm; die Bilder von Monet, van Gogh und anderen, die er
vergeblich der Berliner Nationalgalerie zuzuschanzen versucht hatte, reisten mit.

Immerhin wurde dort in seinem Geiste weitergearbeitet:
Sein Nachfolger Ludwig Justi befreite die Nationalgalerie
von jeglichem nationalen Ballast – was blieb, brauchte nicht
mit patriotischen Argumenten gerechtfertigt zu werden. Und
im Kronprinzenpalais Unter den Linden, gegenüber dem
Zeughaus, richtete Justi nach dem Ersten Weltkrieg das
bald international führende Museum für zeitgenössische
Kunst, insbesondere für den Expressionismus, ein – 1937
wurde diese einzigartige Sammlung von den Nationalsozia-
listen auf immer beseitigt.


14. Kapitel: **Die Bildungsreise**


Als der erste große Reisende Europas, von dem wir wissen,
kann Herodot, der ›Vater der Geschichte‹ (ca. 480-430 v.
Chr.), gelten. Er war kein Entdecker und kein Abenteurer; er

benutzte alteingerichtete Handelswege innerhalb des damals bekannten Kulturraums. Er zog nach Skythien nördlich des Schwarzen Meeres; er schweifte durch Ägypten bis nach Assuan; er stattete Babylon einen Besuch ab. Der Zweck aller dieser Reisen geht aus dem Geschichtswerk, dessen Hauptgegenstand die Perserkriege sind, deutlich hervor: Erkundung, Erforschung der Völkervielfalt, der Vielfalt von Sitten und Gebräuchen. Menschenkenntnis und Welterfahrung: Der ›Erkunder‹ Herodot (Historie bedeutet ›Erkundung‹) nahm prototypisch vorweg, was in späteren Zeiten ein Hauptzweck des Reisens geworden ist.

Dieser Zweck – ein friedlicher Zweck – hat einen durch Vielfalt sich auszeichnenden Kulturraum zur Voraussetzung: Der Reisende muß in der Lage sein, in Sicherheit von Ort zu Ort zu ziehen und zu beobachten und Kenntnisse zu sammeln, die für ihn oder für seine künftige Position im öffentlichen Leben von Nutzen sein könnten. Es gab und gibt allerdings noch mancherlei andere Zwecke des Reisens: um Krieg zu führen und zu erobern (man denke an den ›Reisigen‹, den berittenen Söldner des Mittelalters), um Handel zu treiben oder um als Pilger heilige Stätten aufzusuchen und dort Gebete zu verrichten. Und es gab Reisen, die über die Grenzen der bekannten Welt hinausführten: die Entdeckungs- und Forschungsreisen – von Necho, dem ägyptischen Pharao, der um 600 v. Chr. phönizische Schiffer zum ersten Male Afrika umfahren ließ (es dauerte drei Jahre, ebenso lange wie die erste Weltumsegelung durch Magalhães), über Kolumbus und Alexander von Humboldt bis Nansen und Amundsen.

Doch um alle diese Arten von Reisen geht es hier nicht, sondern nur um jenen Typus, den man als ›Bildungsreise‹ zu bezeichnen pflegt. Er ist in der durch zahllose Berichte bekannten Form ein Produkt des 18. Jahrhunderts, der beginnenden bürgerlichen Epoche. Man leitet ihn mit Recht aus einer frühneuzeitlichen Vorstufe ab: aus der Kavalierstour, dem Grand Tour, einem Erziehungsmittel, das den jungen Adligen auf seine Karriere vorbereiten half.

Man könnte die bürgerliche Bildungsreise als ein abgeschlossenes Kapitel der europäischen Kulturgeschichte betrachten und mit guten Gründen behaupten, daß sie seit etwa einem halben Jahrhundert durch eine neue Form des Reisens, durch den Massentourismus, abgelöst worden sei. Doch treffender wäre wohl die Feststellung, daß die – im Unterschied zur Kavalierstour – nicht mehr auf eine künftige Funktion bezogene und in diesem Sinn zweckfreie Bildungsreise im modernen Tourismus ihre zeitgemäße Fortsetzung gefunden hat, wenn auch verengt und vereinseitigt auf die Betrachtung landschaftlicher und kultureller Sehenswürdigkeiten – ohne die Dimension der Erfahrung im Umgang mit Menschen. Außerdem lebt die bürgerliche Bildungsreise als zu Papier gebrachter und veröffentlichter Bericht fort. Man mag streiten, ob Boswells Reiseberichten oder Karamsins Reisebriefen heutzutage noch eine nennenswerte Wirkung beschieden ist – Goethes *Italienische Reise* hat jedenfalls bis vor kurzem zahlreichen Deutschen als Weggeleiter gedient.

Die Bildungsreise hatte nicht eine feste institutionelle Basis wie das Gymnasium, das Theater oder das Museum – sie war eine flüchtigere Komponente der bürgerlichen Bildung; bei ihr schlug der soziale und ökonomische Wandel ohne Verzögerung durch. An ihr lassen sich daher die drei Hauptphasen der neuzeitlichen Kulturgeschichte Europas, die aristokratische oder feudale, die bürgerliche und die der weithin egalisierten Massen, besonders deutlich ablesen. Das Ziel der Bildung scheint sich hierbei erst verselbständigt, dann verflüchtigt zu haben: Es war in der primär der Instruktion dienenden Tour des jungen Adligen implizit enthalten; es wurde während des bürgerlichen Zeitalters zum Selbstzweck und ging schließlich in einem diffusen Bedürfnis nach Abwechslung und Erholung auf, das nicht mehr an ein bestimmtes Alter, an die aufnahmefähige, für formende Eindrücke offene Jugend, gebunden ist.

Parallel hierzu hat sich wohl auch das Tableau der verfügbaren Quellen verändert. Das 18. und das frühe 19. Jahrhundert waren offenbar die große Zeit der individuellen Reiseberichte; für die jüngste Vergangenheit hingegen mit ihrem stereotypen Massenbetrieb stehen meist nur noch die unpersönlichen Reiseführer zu Gebote, wo, wenn Stichproben nicht trügen, der einst überwiegend kunsthistorische Inhalt mehr und mehr bunter, auch das Kulinarische einbeziehender ›Information‹ weichen muß. Dementsprechend sind zwar die Kavalierstour und die Bildungsreise des 18. Jahrhunderts zulänglich erforscht; für die spätere Zeit jedoch fehlt es noch an Darstellungen, die das Material sammeln und sichten, was nicht zuletzt durch dessen zunehmende Oberflächlichkeit oder Trockenheit bedingt zu sein scheint.

Die Kavalierstour, die im 16. Jahrhundert aufkam, pflegte sich an die Jahre des Schul- und Universitätsbesuchs oder an den Hauslehrer-Unterricht anzuschließen. Sie war von ein- bis dreijähriger Dauer und führte den jungen Adligen durch das europäische Ausland, wobei vor allem England, Frankreich und Italien besucht wurden. Deutschland stellte zwar einen hohen Anteil derartiger Reisender, wurde indes seinerseits von Westeuropäern wenig beachtet. Der junge Mann hatte einen erfahrenen Begleiter zur Seite, den Tutor, Mentor oder Reisemarschall; von ihm hing zu einem guten Teil der Erfolg der Tour ab. Der junge Reisende nahm längere Zeit Quartier in Residenzen; er machte sich mit dem dortigen Hofleben vertraut und festigte seine Kenntnisse in der jeweiligen Landessprache; er fand auch immer wieder Gelegenheit, standesgemäße Exerzitien zu betreiben, wie Reiten, Fechten oder Tanzen.

Die Auslandserfahrungen, die er in Paris, London, Den Haag, Venedig oder sonstwo sammelte, dienten größtenteils dem künftigen Beruf: des Regenten oder Politikers, des Ministers oder Diplomaten. Der Straßburger Patriziersohn Elias Brackenhoffer bereiste in den Jahren 1643-1646 Frankreich, die Schweiz und Italien; hierzu bemerkt der Herausgeber der davon berichtenden Schrift: »Un voyage en Suisse, en Allemagne ou en France, voire en Italie et aux Pays-Bas, était au XVIIᵉ siècle le complément indispensable de toute éducation Strasbourgeoise.«[1]

John Locke, der Wegbereiter der englischen Aufklärung, äußerte sich in seiner Schrift *Some Thoughts Concerning Education* (1693) ziemlich skeptisch über den Wert der Kavalierstour:[2]

Gewöhnlich ist das Reisen der letzte Teil der Erziehung, von dem man gemeinhin denkt, daß er das Werk abschließt und den Gentleman vervollständigt. Ich gestehe, das Reisen in fremde Länder hat große Vorzüge, doch die Zeit, die man gewöhnlich wählt, um junge Leute ins Ausland zu senden, ist [...] die, welche sie am wenigsten fähig macht, diese Vorteile zu ernten [...]: zuerst die Sprache, zweitens die Entwicklung von Weisheit und Klugheit, indem sie Menschen sehen und mit Leuten von Temperament, Sitten und Lebensart Umgang haben, die untereinander verschieden sind und insbesondere von denen ihrer Gemeinde und ihrer Nachbarschaft. Jedoch von 16 bis 21, im gewöhnlichen Reisealter, ist man im ganzen Leben am wenigsten für eine solche Förderung geeignet.

Um die Mitte des 18. Jahrhunderts verlor sich – im Zusammenhang mit dem Aufstieg des Bürgertums – weithin das höfische Gepräge der von jungen Leuten zu erzieherischen Zwecken unternommenen Reisen. Doch nach wie vor wurde allerlei für die spätere Lebenspraxis verwendbares Wissen erstrebt; Deutsche z. B. suchten sich in nicht geringer Zahl mit den politischen und wirtschaftlichen Verhältnissen in England vertraut zu machen. Außerdem aber wollte man Menschenkenntnis erwerben, und zwar nicht so sehr, um als Diplomat oder sonstwo in der Staatsverwaltung davon Gebrauch zu machen, sondern um der Sache selbst willen; das ganze Zeitalter war ja geradezu süchtig nach Charakterkunde und Anthropologie. James Boswell, der Biograph Samuel Johnsons, hinterließ während seiner Deutschlandreise (1765) in einem Stammbuch die selbstgefällige, im übrigen aber durchaus zeitgemäße Eintragung: »Noch nie hat ein Ausländer dem Reisen so viel abgewonnen wie ich, der ich als Philosoph reise. Zwar nicht so ungestalt wie Diogenes, bin ich doch wie er auf der Suche nach dem Menschen: nach Wesen, wert, die Würde des Menschentums hochzuhalten.«[3] Ein anderes Spezifikum der bürgerlichen Bildungsreise wurde durch die zunehmende Verehrung der Antike hervorgerufen und erhielt nicht zuletzt durch die Schriften Winckelmanns reichliche Nahrung: Künstlerische, literarische und historische Motive lockten viele über die Alpen zu den Altertümern Italiens.

Gleichsam als Theoretiker des Reisens tat sich Rousseau hervor; sein pädagogischer Roman *Emile ou De l'éducation* enthält hierzu – so bedenklich manche andere der dort vorgetragenen Lehren klingen mag – goldene Worte: »Genügt es, daß ein Gebildeter lediglich seine Landsleute kennt, oder kommt es darauf an, die Menschen im allgemeinen zu kennen? Hierüber kann es weder Streit noch Zweifel geben.«[4] Reisen ist nach Rousseaus Überzeugung ein vorzügliches Mittel, Vorurteile zu entlarven und zu widerlegen – allerdings nur das richtige Reisen, bei dem man danach strebt, sich belehren zu lassen. Vorurteile sind, wie Rousseau glaubt, vor allem in Frankreich verbreitet, obwohl die Franzosen mehr reisen als alle anderen – doch verliebt in ihre eigenen Gewohnheiten lehnen sie alles ab, was diesen nicht gleicht. Die Engländer, schreibt Rousseau,[5] verstünden sich besser aufs Reisen, und die Alten hätten trotz geringer Reisetätigkeit einander besser zu beobachten gewußt als die Europäer seiner Zeit (wobei er auf Herodot und Tacitus verweist), so daß jemand, der sich mit der Geschichte der Antike befaßt habe, die Griechen, Römer, Perser, Karthager usw. besser kenne als gegenwärtig das eine Volk ein benachbartes anderes. Hier treten humanistische Belesenheit und Bildung durch Reisen auf überraschende Weise zueinander in Beziehung und erweisen sich als einander verwandt.

Rousseau stand mit seiner positiven Einschätzung vorübergehender Aufenthalte in der Fremde nicht allein. Der Mensch müsse sich vor allem um Selbsterkenntnis bemühen, meint Albrecht von Haller,[6] ein Berner Arzt, der jahrzehntelang als Mediziner an der soeben gegründeten Göttinger Universität wirkte, nichts aber sei geeigneter, Vorurteile zu zerstreuen, als die Kenntnis vieler Völker, bei denen die Sitten, die Gesetze, die Meinungen verschieden seien. Verschiedenheit, schreibt Haller, hiermit in die Bahnen des Naturrechts einlenkend, lehre, das abzustoßen, worin die Menschen sich nicht einig sind, und das als die Stimme der Natur zu respektieren, worin sie allesamt übereinstimmen.

Als dritter und letzter Didaktiker der Bildungsreise sei Diderot genannt; er befaßt sich mit diesem Thema zu Beginn der Schrift *Voyage de Hollande*. Sinnvoll sei das Reisen, schreibt er dort,[7] vor allem in einem Alter, in dem sich das Urteilsvermögen noch bilden lasse – jedoch nur, wenn gewisse Kenntnisse bereits vorhanden seien. Ohne Wissen gebe es keine Vergleichsmaßstäbe – man solle sich daher auch mit der Literatur des Volkes befassen, dessen Land man zu besuchen gedenke. Man dürfe nicht allzu rasch urteilen, solle vielmehr ruhig beobachten, ehe man urteile. Man höre viel zu und rede selbst wenig – wer redet, sagt, was er weiß, wer hingegen zuhört, erfährt, was die anderen wissen.

Wie sah die Praxis aus? Als Musterfall einer Bildungsreise gilt die Europa-Tour, die der dreiundzwanzigjährige Russe Nikolai Michailowitsch Karamsin im Jahre 1789 unternahm und über die er in Briefen genauestens Rechenschaft ablegte. Er war gründlich vorbereitet, als er Moskau verließ: Er beherrschte das Deutsche und Französische, kannte sich, wie von Diderot gefordert, in der Literatur aus und wußte, wen er zu sehen und zu sprechen gedachte. Er reiste um der Kunst, des Theaters, der Geschichte willen; vor allem aber suchte er intellektuelle Zirkel auf – es ging ihm, der sich zum Schriftsteller berufen fühlte, vor allem um literarische und philosophische Gespräche.

Die Begegnung mit Wieland, den er in Weimar aufsuchte,

Goethe in der Campagna di Roma
(1786/1787)
Gemälde von Johann Heinrich Wilhelm Tischbein
Frankfurt am Main, Städelsches Kunstinstitut

sei näher betrachtet – sie wirft ein Schlaglicht auf eine charakteristische Begleiterscheinung der damaligen Bildungsreisen: das Vorsprechen bei Berühmtheiten. Wieland, der zu dieser Kategorie zählte und somit zu den Weimarer Sehenswürdigkeiten ersten Ranges, reagierte unfreundlich auf das Ansinnen, einem unbekannten jungen Russen, der sich auf der Durchreise befand, Zeit zu opfern; er sagte: »Es ist jetzt in Deutschland Mode geworden, zu reisen, und dann seine Reise zu beschreiben. Dergleichen Reisebeschreiber, deren Anzahl nicht gering ist, ziehen von Stadt zu Stadt und suchen mit berühmten Leuten nur deswegen zu sprechen, um das, was sie von ihnen hören, drucken zu lassen. Was unter vier Augen gesprochen wurde, wird dann vor dem Publikum ausposaunt, und dadurch haben schon manche gelitten.«[8] Karamsin erreichte schließlich doch, daß er vorgelassen wurde und sich mit Wieland unterhalten konnte: durch liebenswürdige Hartnäckigkeit. Über den Inhalt der Unterhaltung verlautet nichts; vielleicht wollte Karamsin die Klage Wielands für sein Teil als grundlos erweisen.

Die klassizistisch-ästhetische Variante der Bildungsreise führte notwendigerweise nach Italien. Trotz aller Gräkomanie der Goethezeit kam Griechenland kaum in Betracht, auch nicht, nachdem es von der Türkenherrschaft befreit war – die Reise dorthin war zu weit und zu beschwerlich, und die über ein Jahrzehnt sich hinziehenden Kriege hatten das Land verwüstet. Die Italienreise blieb somit die Bildungsreise par excellence – für alle West-, Mittel- und Nordeuropäer. Hierfür standen zahlreiche Reisehandbücher und Kunstführer, Baedeker avant la lettre (der erste Band dieser berühmten Einrichtung erschien 1829, ein Stadtführer durch Koblenz) zu Gebote – bekannt waren die dreibändigen *Historisch-kritischen Nachrichten von Italien*, verfaßt von Johann Jakob Volkmann, die auch Goethe auf seiner Reise dorthin bei sich hatte.

»Auch ich in Arkadien!« setzte Goethe hernach an den Anfang seiner *Italienischen Reise*. Er spielte damit auf das

Wort »Et in Arcadia ego« an, das seit dem 16. Jahrhundert des öfteren auf Gemälden erschienen war. ›Arkadien‹ diente als Symbol für ein idyllisches Hirtenland ungetrübten Glücks; der Spruch, der ursprünglich daran erinnern sollte, daß auch in Arkadien der Tod herrsche, besagte zu Goethes Zeit, daß der ihn Verwendende einmal uneingeschränkt glücklich gewesen sei, und zwar in Italien.

Karl Philipp Moritz, der Verfasser des Romans *Anton Reiser*, hatte schon die Schilderung seiner Englandreise veröffentlicht, als er sich im Jahre 1786 auf den Weg nach Italien machte; er war von dem Verleger, dem gegenüber er sich zur Publikation eines Reiseberichts verpflichtet hatte, mit einem Vorschuß versehen worden. »Romam quaero«, ›Es zieht mich nach Rom‹, lautete das Motto bei ihm – er empfand sich als ›Pilger‹ zur heiligen Stadt der Antike, zum Wallfahrtsort der Kunstreligion. »Dorthin eil ich«, schrieb er,[9] »wo auf den sieben Hügeln das Größte und Glänzendste, was einst der Erdkreis sahe, sich gründete und bildete und wo noch itzt die Kunst bei den erhabensten Überresten der Vorzeit ihren festen Wohnsitz findet.« Das Größte, was einst der Erdkreis sah: Moritz sieht die Antike mit den Augen der römischen Klassiker. ›Erdkreis‹ ist die wörtliche Übersetzung des lateinischen Ausdrucks orbis terrarum, und vor allem: Horaz hatte einst die Sonne angerufen, »Possis nihil urbe Roma visere maius« – ›Mögest du nichts erblicken, was größer ist als Rom‹.[10] Goethe wiederum schrieb dazu die bekannte epigrammatische Replik:[11]

Größeres sahest du nichts und wirst nichts Größeres sehen,
Wie es dein Priester Horaz in der Entzückung versprach.

Moritz verbindet seinen Bericht mit Empfehlungen, wie z. B. dieser:[12] »Am besten tut man gewiß, wenn man ohne alles Abarbeiten sich den Eindrücken ruhig überläßt.« Er sieht sich zu diesem Rat veranlaßt, weil er einen Kaufmann beobachtet hat, für den die Besichtigung von Altertümern zur Mühsal geworden ist. »Nun gottlob, das haben wir auch gesehen!« entfährt es diesem nach geleisteter Bildungsarbeit.

Blick auf die Peterskirche
von der Villa Pamfili aus
Zeichnung von Goethe

Die Anekdote zeigt, in welchem Maße die Kunstreise schon damals durch Konventionen geprägt und gepreßt sein konnte, fast wie bei jenen heutigen Touristen, die in ihrem Reiseführer das Gesehene abhaken. Moritz hat offenbar gelernt, sich von solchem Druck freizuhalten: Er habe sich nach und nach gewöhnt, schreibt er, die Sachen bloß anzusehn und sie zum Zeitvertreibe an sich vorübergehn zu lassen, ohne Reflexionen darüber anzustellen, die ohnehin nichts nützten.

Das Schiller-Museum in Marbach am Neckar veranstaltete im Jahre 1966 eine Ausstellung, deren Titel »Auch ich in Arcadien« lautete – sie zeigte Dokumente deutscher Kunstreisen nach Italien in der Zeit von 1600 bis 1900.[13] Die letzte Abteilung befaßte sich mit der zweiten Hälfte des 19. Jahrhunderts (man hatte die Revolution von 1848 als Scheidemarke gewählt); die Reihe der Namen, die dort erschien, war beeindruckend: Johann Jakob Bachofen, Victor Hehn, Ferdinand Gregorovius, Fanny Lewald, Joseph Victor Scheffel, Friedrich Theodor Vischer, Conrad Ferdinand Meyer, Anselm Feuerbach, Jacob Burckhardt, Paul Heyse, Theodor Fontane, Friedrich Nietzsche, Ricarda Huch, Isolde Kurz, Rainer Maria Rilke, Stefan George. Nicht allen, die hier genannt wurden, bereitete Italien, zumal Rom, ein tiefes, das weitere Leben prägendes Erlebnis; auch sie folgten wohl zum Teil einer Konvention, einer Norm, die es zu erfüllen galt. Conrad Ferdinand Meyer indes, der stets Gefährdete, erfuhr Entscheidendes, als er im Jahre 1858 mit seiner Schwester Betsy nach Rom reiste. Eine besonders schöne Frucht dieses Unternehmens war *Der römische Brunnen*, jenes Gedicht, das er vier-, fünfmal umarbeitete, ehe es seine endgültige Fassung fand: »Aufsteigt der Strahl und fallend gießt...«

## 15. Kapitel: **Die Mathematik und die Naturwissenschaften**

»Kultur: Das ist Theater, Musik, Dichtung, Bildende Kunst. Man weiß, daß wir im Jahrhundert der Naturwissenschaften leben, und interessiert sich vielleicht auch für einen Bericht über Forschungsergebnisse der Physik (wenn er populär genug geschrieben ist). Aber die Naturwissenschaften bleiben doch eine ›Geheimwissenschaft‹, die man den Spezialisten überlassen kann. Die Bildung des Menschen erfolgt durch das Wort: durch die Kunst des Wortes und durch die philologischen Disziplinen.« [1]

Dieses Zitat aus einem vor nicht allzu langer Zeit erschienenen Werk soll lediglich begründen helfen, warum der Mathematik und den Naturwissenschaften hier, wo es um das Problem eines Kanons der Bildung geht, trotz ihrer offensichtlichen Bedeutsamkeit die letzte Stelle eingeräumt wird: Mit ihnen gelangt die Betrachtung in ein umstrittenes Grenzgebiet. Sie hatten einige Mühe, sich einen angemessenen Platz im Lehrplan der Bildungseinrichtungen zu verschaffen, und kaum geringere, innerhalb der bürgerlichen Gesellschaft als gleichrangig neben Kunst, Literatur und Geschichte anerkannt zu werden.

Die unleugbare Kluft, welche die mathematisch-naturwissenschaftlichen Disziplinen und mit ihnen die Technik von der historisch-literarischen und künstlerischen Welt trennte, kann als Bestätigung der bekannten These von den ›two cultures‹ erscheinen, jener These des Schriftstellers Snow, wonach die naturwissenschaftliche und die humanistische Sphäre verbindungslos in wechselseitiger Selbstgenügsamkeit nebeneinander stünden.[2] Doch diese Sicht, deren Gültigkeit selbst für die heutige Zeit mit guten Gründen angefochten wird, täte den Gegebenheiten des 18. und 19. Jahrhunderts erst recht Gewalt an. Ein Blick auf die Geschichte des mathematisch-naturwissenschaftlichen Unterrichts und die sie begleitenden Debatten mag zeigen, daß sich die bürgerliche Welt trotz aller Vorbehalte nicht zu einer rigorosen

Trennung der Horizonte bereitgefunden hat: Einerseits waren die Naturwissenschaftler im allgemeinen wenig geneigt, den Wert der humanistischen Bildung, die sie selbst genossen hatten, zu bestreiten; andererseits nahm die gebildete Öffentlichkeit in erheblichem Maße Anteil an den Fortschritten der naturwissenschaftlichen Forschung.

Eine antike Tradition, die idealistische, durch Platon begründete, maß den Zahlenwissenschaften, der Arithmetik, Geometrie, Astronomie und Musiktheorie, hohe Bedeutung bei: Sie seien geeignet, den menschlichen Geist aus der Sphäre der sinnlichen Wahrnehmungen herauszuheben und zur Erkenntnis des reinen Seins zu befähigen. So Platon selber in seinem *Staat*, und so auch etwa ein Jahrtausend später in christlichem Kontext Augustin und Boethius, welch letzterer für die genannten Disziplinen den Ausdruck Quadrivium, ›Vierweg‹, erfand. Dieses Quadrivium gehörte – neben dem sprachlichen Trivium, der Grammatik, der Rhetorik und der Dialektik – zu den Artes liberales, den Freien Künsten und somit zum Lehrprogramm der mittelalterlichen Klosterschule sowie der mittelalterlichen und frühneuzeitlichen Universität. Als Hilfsmittel dienten vor allem die Enzyklopädie des Martianus Capella und die mathematischen Schriften des Boethius.[3]

Gleichwohl scheint man nicht zu Unrecht behauptet zu haben, daß der Unterricht in den Naturwissenschaften im wesentlichen eine Erscheinung der Neuzeit sei.[4] Das Programm des Quadrivium schloß die beschreibenden Disziplinen, wie Botanik, Zoologie, Geographie usw., sowie die Physik aus und pflegte seinerseits über dem Trivium vernachlässigt zu werden. Der Aufschwung, den die Naturwissenschaften im 17. Jahrhundert nahmen, war zwar auch durch die von den Humanisten wiedererschlossenen antiken Quellen bedingt; er beruhte indes zuallererst auf neuen Impulsen, auf der Hinwendung zur Empirie und zu mathematischen Methoden. Dabei waren ihm die überkommenen Bildungsinstitutionen zunächst noch verschlossen: Die Denker, die die

Fundamente des neuzeitlichen mathematisch-physikalischen Weltbildes legten – von Bacon und Descartes bis hin zu Leibniz –, schrieben und wirkten außerhalb der Universität. Die empirischen Naturwissenschaften entfalteten sich zunächst im Rahmen neuer Forschungseinrichtungen, der Gelehrten Gesellschaften und Akademien, und fanden erst vom ausgehenden 17. Jahrhundert an vereinzelt den Weg in die Universitäten.

Desto mühsamer war das Ringen um Anerkennung in der höheren Schule. Drei oder vier Phasen lassen sich hierbei unterscheiden. Im Zeitalter des Barock wurden erste, noch verstreute Versuche unternommen. Die Aufklärung brachte mit den Philanthropinisten eine homogene, in sich geschlossene Reformbewegung hervor, die den naturkundlichen Disziplinen, den Realien, viel Platz einräumte. In der Goethezeit entstand – dank Wilhelm von Humboldt und anderer – das humanistische Gymnasium, das seinen Anspruch auf Allgemeinbildung vor allem auf die alten Sprachen gründete: Hieraus ging ein ebenso heftiger wie langwieriger Streit um die wahre Bildung hervor, um die Frage, ob die höhere Schule humanistisch oder realistisch sein solle. Schließlich, während der zweiten Hälfte des 19. Jahrhunderts, errangen die naturwissenschaftlichen Disziplinen einen festen Platz im gymnasialen Fächerkanon; überdies entstanden Formen höherer Realschulen, die in Deutschland vom Jahre 1900 an ebenso wie das humanistische Gymnasium zum Studium berechtigten.

Zunächst fehlte es an allem, auch an geeigneten Unterrichtswerken und Lehrern; so erklärt sich, daß die Forderungen des Comenius, die – zumal in der Physik – auf Anschaulichkeit drangen, kaum Folgen zeitigten. Immerhin suchten die Ritterakademien Anschluß an die Neuerungen auf militärtechnischem Gebiet, und in Halle, wo man die damals modernste Universität Deutschlands (mit Christian Wolff als Mathematiker und Philosoph) vor Augen hatte, entstand die erste deutsche Realschule, eine Gründung des

Pfarrers und Pädagogen Christoph Semler. Kurz zuvor, in den letzten Jahren des 17. Jahrhunderts, waren ebendort von dem Pietisten August Hermann Francke die nach ihm benannten Stiftungen ins Leben gerufen worden, und wenn dort auch die religiöse Unterweisung an erster Stelle stand, so erhielten doch – ganz im Sinne der Zeit, die von der Schule mehr Rücksicht auf die Bedürfnisse der Lebenspraxis forderte – die Realien einigen Anteil am Stundenplan. Vorgesehen waren u. a. Mathematik sowie mechanische und physikalische Wissenschaften, und für all dies standen ein Naturalienkabinett und ein botanischer Garten, ein Chemie- und ein Physiklaboratorium zu Gebote.

Im Zeitalter der Aufklärung, des Merkantilismus und des bürgerlichen Erwerbsstrebens avancierte die Nützlichkeit zum obersten Prinzip fortschrittlicher Erziehung: Man suchte die Jugend auf die Beherrschung des Lebens vorzubereiten, zu ihrem eigenen und zum allgemeinen Wohl. Es entstand ein Typus von Realschulen, der sich von der gleichnamigen Einrichtung des 19. Jahrhunderts erheblich unterschied: Die Stoffe waren nach Berufszielen aufgeteilt, und in den Bau-, Handlungs- und ökonomischen Klassen wurden je verschiedene Kenntnisse (im Bau-, im Handelswesen usw.) vermittelt. Es ging hierbei weniger um die Naturwissenschaften als um deren technische Anwendung; schon in Semlers Institut, das weithin als Vorbild wirkte, zählten – außer den drei Reichen der Tiere, Pflanzen und Mineralien – das Haus, das Schiff, die Mühle, die Uhr, ferner der Bergbau und die Glashütte sowie allerlei Handwerke und die Landwirtschaft zu den Lehrgegenständen. Neben der Rücksicht auf den praktischen Nutzen diente das Gebot der Anschaulichkeit als oberstes Prinzip, so daß sich damals das Experiment einen festen Platz in der Methodik des Naturkundeunterrichts eroberte. Die anfänglich starke Berufsbezogenheit dieses frühen Realschultyps wurde im Laufe der Zeit etwas zurückgenommen; man lernte, zwischen allgemeiner und spezieller Unterweisung zu unterscheiden.

Im Jahre 1774 gründete der Hamburger Pädagoge Johann Bernhard Basedow in Dessau das Philanthropinum, eine ›menschenfreundliche‹ Erziehungsanstalt, deren Prinzipien entschiedener aus dem Geist der Aufklärung abgeleitet waren als alle anderen Bildungseinrichtungen jener Zeit. Basedow ging aufs Ganze; er suchte das Schulwesen durch sein Vorbild und seine Schriften von Grund auf zu reformieren. Das Ziel seiner pädagogischen Bemühungen war nicht die Vorbereitung auf einen bestimmten Beruf, sondern die Vermittlung einer allgemeinen Bildung, die sich durch ihren Lebensbezug und ihre Brauchbarkeit auf das deutlichste von den wirklichkeitsfremden Inhalten der Lateinschule unterscheiden sollte. ›Gemeinnützige Kenntnisse‹ traten an die Stelle der klassischen Studien; die Erkundung der Natur wurde zur Grundlage des gesamten Unterrichts. In einem Katalog des Basedow-Schülers Ernst Christian Trapp bestehen diese ›gemeinnützigen Kenntnisse‹ aus:

1. Lesen, Rechnen und Schreiben;
2. Natur- und Menschengeschichte, Geographie, Geometrie;
3. Religion und Moral, Recht der Natur und Landesgesetzen;
4. Kenntnissen, die der Erhaltung der Gesundheit dienen;
5. Astronomie, Physik.

Hatte man bisher die naturwissenschaftlichen Disziplinen in nomadenhafter Isolierung behandelt, so erstrebte Basedow einen ganzheitlichen, Natur und Leben miteinander verbindenden Lehrgang. Auch technisches Grundwissen suchte seine Schule zu vermitteln; die Schüler erhielten Gelegenheit, sich sowohl selbst handwerklich zu betätigen als auch durch die Besichtigung von Fabrikationsstätten Einblick in die Berufs- und Arbeitswelt zu nehmen.

Friedrich Immanuel Niethammer trieb schon im Jahre 1808 von der hohen Warte seines bayerischen Schulaufsichtsamtes aus die Unterschiede zwischen der philanthropinistischen und der neuen, insbesondere von Friedrich August Wolf inaugurierten klassischen Bildung auf die Spitze: Nur die klassische, vornehmlich auf der Kenntnis des Altertums beruhende Bildung führe zur Humanität, die philanthropinistische hingegen, die zu utilitaristischem, berufsbezogenem Denken anleite, bewirke bei ihren Zöglingen nichts als Animalität.

In Wahrheit kamen die beiden Richtungen zunächst, solange die Generation der Gründer lebte, recht gut miteinander aus. Man war sich darin einig, daß die veraltete Lateinschule verschwinden müsse, und man wußte sich durch die Leitidee vernünftiger Reformen miteinander verbunden. Altsprachlicher Unterricht und Realwissen galten durchaus nicht als unvereinbar; kein anderer als Wolf prägte die Formel von den »Naturkenntnissen, die zur allgemeinen Cultur gehören«[5], und forderte in seinem Modell einer Stundentafel ein erhebliches Quantum an mathematischem und naturwissenschaftlichem Unterricht.

Diesem Votum entsprach weithin die Schulwirklichkeit: Die neuhumanistische Reform übernahm zu großen Teilen die Errungenschaften der Aufklärungspädagogik, des Philanthropinismus. Das bekannte Joachimsthalsche Gymnasium z. B. (es war im Jahre 1650 nach Berlin verlegt worden) teilte den Naturkundeunterricht im Programm von 1832/33 in der Weise auf, daß sich die Untertertia der Zoologie und der Jahrgang darauf der Botanik annahmen, daß in der Untersekunda die Mineralogie folgte und daß in den drei letzten Jahren Elemente der Physik, insbesondere die Mechanik, die Wärmelehre und die Akustik behandelt wurden; an anderen Schulen kamen zu diesem Pensum meist noch die Elektrizität und der Magnetismus hinzu. So wurde um dieselbe Zeit in Kempten (Bayern) nach folgendem Plan unterrichtet:

1. Klasse: Übersicht über die drei Naturreiche
2. Klasse: Tierreich
3. Klasse: Pflanzenreich
4. Klasse: Mineralreich
5. Klasse: Einleitung in die Naturlehre, die Körper und ihre Bewegung

6. Klasse: Statik und Mechanik, Anziehungskraft,
flüssige Körper
7. Klasse: Hydrostatik, Luft und Licht
8. Klasse: Wärme und Kälte, Elektrizität und
magnetische Kraft

Im Jahre 1829 wurde in Bayern eine neue Lehrordnung
eingeführt; sie stammte von dem Münchener Professor für
Eloquenz und alte Literatur Friedrich Thiersch. Sie radika-
lisierte das Programm des Neuhumanismus und führte es
dadurch geradezu ad absurdum. Der gymnasiale Naturkundeunterricht (nach heutigen Begriffen die Fächer Biologie
und Physik) wurde gänzlich gestrichen; es blieben eine stark
reduzierte Mathematik und etwas Geographie. Dieser Rück-
fall in voraufklärerische Zeiten erregte beträchtliches Auf-
sehen; die pädagogische Diskussion zwischen Humanisten
und Realisten wuchs sich zu einem in der Öffentlichkeit
geführten Schulkampf aus. Die humanistische Seite behauptete, daß die Rücksicht auf Nützlichkeit die Fundamente
edlerer Bildung zerstöre, und führte das bequeme Überbür-
dungsargument ins Feld; Thiersch zumal meinte, Unterricht
in den Naturwissenschaften sei erst dann sinnvoll, wenn sich
der Schüler durch eine auf den beiden alten Sprachen beruhende klassische Bildung darauf vorbereitet habe. In neu-
humanistischer Perspektive wurden die Allgemeinbildung
und die Kenntnis des Altertums zu Synonymen, und in selt-
samer Verkehrung der Argumente sollte gerade das Studium
des Lateinischen und Griechischen für das praktische Leben
tauglich machen.

Thierschs Schulreform rief den Protest von 300 Naturfor-
schern und Ärzten hervor, die sich noch im selben Jahr in
Heidelberg versammelten. Wortführer war der Münchener
Philosoph Lorenz Oken. Man müsse die Philologen in die
Schranken weisen, erklärte er, wenn sie sich in ihrer gänz-
lichen Ignoranz aller in ihrem Laden nicht vorrätigen Wissenschaften einbildeten, es gebe für die Welt nichts zu lernen,
als was sie wüßten. Der Protest half nichts; das bayerische

Gymnasium blieb bis gegen Ende des 19. Jahrhunderts ohne naturkundlichen Unterricht, abgesehen von insgesamt drei Stunden Physik in den Oberklassen.

Immerhin hat dieses Beispiel nirgends in vollem Ausmaß Schule gemacht, so heftig auch die Debatten waren, die nunmehr entbrannten. Die eine Partei sprach der anderen die Qualifikation ab, mit den von ihr verteidigten Wissensgebieten der Bildung zu dienen. Oken, der Vorkämpfer der Naturwissenschaftler, behauptete apodiktisch, bei den klassischen Studien handele es sich durchweg um Spezialitäten, die unmittelbar auf einen Beruf hinsteuerten und mithin die allgemeine Bildung zerstörten. Thiersch wiederum verwies die Realien in die niedere Sphäre des Erwerbslebens, während die Bildung einzig am humanistischen Gymnasium eine Stätte habe – Klassizität und Naturwissenschaften seien unvereinbar, sekundierte ihm eine Stimme aus Sachsen.

Dort aber, in Sachsen, rief die Pariser Julirevolution von 1830 Ängste hervor, die eine Initiative zur Erweiterung des Unterrichts in den Naturwissenschaften scheitern ließen. Immerhin wurden die Gefahren politischer Art, die von demselben ausgehen sollten, schon im Jahre 1846 für so gering erachtet, daß man sich doch noch zu den geplanten Änderungen bereit fand. Die sächsischen Bedenken waren indes kein Einzelfall: Preußen, das sich bislang um einen vernünftigen Ausgleich zwischen klassischer Bildung und Naturkunde bemüht hatte und im Falle des Gymnasiums auch weiterhin bemühte, schraubte nach der Revolution von 1848 den Realien-Unterricht an den Volksschulen stark zurück. Die Pädagogen galten als Haupturheber der revolutionären Umtriebe: Sie hätten zumal mit dem von ihnen im Übermaß gelehrten Realienwissen die Unruhen hervorgerufen. Erst die Reform des Jahres 1872 machte den reaktionären Maßnahmen, mit denen man diesem vermeintlichen Übelstand begegnen zu müssen glaubte, ein Ende.

Den Einseitigkeiten hüben wie drüben standen stets ausgleichende, eine Verbindung der beiden pädagogischen Provinzen anstrebende Stimmen gegenüber. Johann Gottfried Gruber, Philosophieprofessor in Halle und gemeinsam mit Ersch Herausgeber der *Allgemeinen Enzyklopädie der Wissenschaften und Künste*, definierte die Allgemeinbildung ganz im Sinne seines lexikalischen Unternehmens als das enzyklopädische Studium der Bereiche Natur, Menschheit, Gottheit; das Gymnasium, lehrte er, müsse die allgemeinen Grundwissenschaften, die formale und die materiale Bildung in sich vereinen.[6] Um dieselbe Zeit fanden die naturkundlichen Fächer in dem Pädagogen Adolph Diesterweg einen ebenso befähigten wie erfolgreichen Förderer. Er verlangte, daß eine jede Generation auf die jeweils erreichte Stufe der Kultur hin erzogen werden müsse, und legte in seinem *Wegweiser zur Bildung für deutsche Lehrer* den Grund zu einer wohlbedachten Methodik des naturwissenschaftlichen Unterrichts. Um die Mitte des 19. Jahrhunderts gewann mehr und mehr die Auffassung an Terrain, daß auch die Naturgegenstände ein zweckmäßiges Bildungsmittel seien; hierbei wollte man indes ferngehalten wissen, was nicht geeignet sei, den Geist zu prägen, was vielmehr lediglich dem praktischen Nutzen diene.

Im letzten Drittel des 19. Jahrhunderts vollzog sich die endgültige Eingliederung der naturwissenschaftlichen Disziplinen in den Fächerkanon des Gymnasiums. Die Vielzahl der physikalischen und chemischen Entdeckungen (des Automobils, des Telephons, der Photographie, der Glühlampe, der Farbstoffe) sowie die hierdurch bedingten, rasch sich entwickelnden Industriezweige ließen den auf die Spitze getriebenen Neuhumanismus als unglaubwürdig erscheinen: Der Konkurrenzkampf der europäischen Nationen in der Politik und in der Wirtschaft schuf eine Atmosphäre, in welcher die hergebrachten Einwände gegen den ›Ungeist‹, den Materialismus naturwissenschaftlich-technischer Kenntnisse verstummten oder nicht mehr gehört wurden. In Deutschland verstärkte die Reichsgründung Bismarcks die allgemeinen Tendenzen der Industrialisierung, des Nationalismus und des Imperialismus; der Prestigezuwachs der nunmehr als besonders förderungswürdig erscheinenden Naturwissenschaften bewirkte, daß der gymnasiale Naturkundeunterricht nicht nur ausgeweitet, sondern auch energisch modernisiert wurde – man setzte die Einrichtung besonderer Schulräume für Physik und Chemie durch und machte das Experiment zur Grundlage der Lehre in diesen Fächern.

Parallel zu diesen Entwicklungen nahm das Gewerbe- und Realschulwesen einen erheblichen Aufschwung, und so ist es nicht verwunderlich, daß man sich intensiv darum bemühte, den gehobenen Formen der Realschule die volle Gleichberechtigung im Verhältnis zum Gymnasium zu verschaffen. Dies gelang um die Jahrhundertwende: Zunächst wurde das Realgymnasium (ohne Griechisch, aber mit obligatorischem Latein) und bald darauf auch die Oberrealschule (ohne die alten Sprachen) als vollwertige Vorbereitung auf das Universitätsstudium anerkannt.

Die Naturwissenschaften befänden sich in einem glänzenden Zustande, schrieb Alexander von Humboldt in den einleitenden Betrachtungen seines berühmten *Kosmos – Entwurf einer physischen Weltbeschreibung*; deren Tendenz, fuhr er fort, allgemeine Resultate zu erzielen, berechtige zu der Hoffnung, daß »ein beträchtlicher Teil des Naturwissens das Gemeingut der gebildeten Menschheit« werde.[7] Die bedeutenden Forscher, stolz auf ihre Erfolge und getragen von einem allgemein verbreiteten, im Zeitalter des Positivismus wachsenden Kulturoptimismus, warben um Anerkennung oder forderten sie ein: bei der bürgerlichen Gesellschaft, den ›Gebildeten‹, und bei den für das Schulwesen verantwortlichen Behörden. Dabei pflegten sie die Richtungskämpfe um die Lehrplangestaltung, welche die Pädagogen ausfochten, gleichsam vom Olymp herab mit kritischen, die Rückständigkeit der Bildungseinrichtungen rügenden Bemerkungen zu kommentieren.

So beklagt Justus von Liebig im Jahre 1840 den überwuchernden Humanismus, der den Fortschritten der Naturwissenschaften und der Medizin überall entgegentrete. Er vergleicht den Streit zwischen Gymnasien und Gewerbeschulen mit dem Ankämpfen der Seifensieder gegen das Gaslicht, mit dem Protestieren der Gastwirte gegen die Schnellposten und dem der Fuhrleute gegen Kanäle und Eisenbahnen.[8] Und so beginnen *Die Welträtsel* Ernst Haeckels (1899) mit einem Kapitel, das die Fortschritte, welche die Naturwissenschaften und die Technik in allen Bereichen erzielt hätten, mit dem traurigen Stillstand konfrontiert, der im übrigen eingetreten sei – die Jugenderziehung, verlautet dort, entspreche durchaus nicht den Anforderungen, welche nunmehr an die moderne Bildung zu stellen seien. »Die Naturwissenschaft«, schreibt Haeckel,[9] »die alle anderen Wissenschaften so weit überflügelt [ . . .] hat, wird in unseren Schulen immer noch als Nebensache oder als Aschenbrödel in die Ecke gestellt. Dagegen erscheint unseren meisten Lehrern immer noch als Hauptaufgabe jene tote Gelehrsamkeit, die aus den Klosterschulen des Mittelalters übernommen ist; im Vordergrunde steht der grammatikalische Sport und die zeitraubende ›gründliche Kenntnis‹ der klassischen Sprachen sowie der äußerlichen Völkergeschichte.«

Nicht immer tönte es vom Olymp herab derart einseitig und undifferenziert. Eine zu ihrer Zeit viel beachtete, noch stets beachtenswerte Stimme ließ der Berliner Physiologe Emil Du Bois-Reymond vernehmen. Er war ein begnadeter Redner, der seinen Überzeugungen ungemein wirkungsvoll Ausdruck zu verleihen wußte. Seine bildungspolitischen Ansichten findet man vor allem in dem ausführlichen Vortrag »Kulturgeschichte und Naturwissenschaft« vom Jahre 1877,[10] einem Gang durch die Menschheitsepochen von der Vorgeschichte bis zur Gegenwart, dem »technisch-induktiven Zeitalter«. Sie gipfeln in dem Ausruf: »Kegelschnitte! Kein griechisches Skriptum mehr!«, in einer Antithese, die begreiflicherweise nicht ohne Widerspruch blieb. Theodor Mommsen meinte dazu:[11] »Wir werden auch ferner das Ideal menschlicher Gesittung fortfahren auf gut lateinisch Humanität und denjenigen, welcher den Homer meint mit der Zeit durch die Lehre von den Kegelschnitten ersetzen zu können, auf gut griechisch einen Banausen zu nennen, und wir rechnen für dieses Latein und dieses Griechisch auch ferner auf das Verständnis und das Einverständnis des deutschen Publikums.«

Du Bois-Reymond war jedoch kein Banause; er hatte sich lediglich von seinem Rednertalent zu einer allzu pointierten Pointe hinreißen lassen. Sein Gedankengang in dem genannten Vortrag ist in Wirklichkeit viel facettenreicher und ausgewogener. Die Partie, auf die es hier ankommt, beginnt allerdings mit einem überschwenglichen Preis des naturwissenschaftlich-technischen Fortschritts. Wie einst in der Spätantike die Künder einer neuen Religion, die Christen, ihre Glaubensinhalte als die Wahrheit und das Heil den Lügen und Scheußlichkeiten der heidnischen Tradition gegenübergestellt hatten, so konfrontiert der moderne Apostel der Naturwissenschaft die Kulturgeschichte, seinen Glaubensinhalt, mit der politischen Geschichte: Auf der einen Seite sieht er den Fortschritt, den ständig wachsenden Wohlstand, die Befreiung vom Aberglauben, auf der anderen hingegen nichts als Völkerpsychosen, Wechselfälle, Greuel und Verirrungen. Vergils berühmte Ovation für Lukrez wird zitiert:[12]

Selig, wem es vergönnt, der Dinge Gründe zu kennen.

Und im Namen der wahren, der Kulturgeschichte, werden die bisherigen, die politischen Größen durch bessere ersetzt: Nicht Ludwig XIV., sondern Newton, nicht Napoleon, sondern Volta verdienen in ihrem Zeitalter die Krone; nicht Alexander der Große oder die Römer, sondern die modernen Naturwissenschaften haben wahrhaft die Welt erobert, und nicht etwa die Werke der bildenden Künste, sondern der je erreichte Grad von Herrschaft über die Natur zeigt die jeweils von der Menschheit erreichte Höhe an.

Doch all der dithyrambisch verkündete Kulturoptimismus wird bald darauf von massiver Kulturkritik abgelöst, dargeboten als Diagnose der »Krankheit unserer Zeit«: Naturwissenschaft, einseitig betrieben, verenge den Gesichtskreis, lasse Kunst und Literatur herabsinken und verführe zu krudem Materialismus. In Amerika, der vornehmsten Heimstätte des Utilitarismus, sei die Überwucherung des Lebens durch die Technik am weitesten fortgeschritten, so daß man bereits von Amerikanisierung rede, einer Erscheinung, die sich gerade Deutschlands zu bemächtigen drohe. Gegen die Gefahr der Amerikanisierung aber, der banausischen Verflachung der Jugend, gebe es nur eine Schutzwehr, ein Palladium: den Humanismus. »Wie er die Menschheit aus dem Verließe der scholastischen Theologie errettete«, schreibt Du Bois-Reymond, »so trete er jetzt in die Schranken wider den neuen Feind harmonischer Kultur.«

Nach gebührender Würdigung der Schönheit und Größe des Altertums hebt Du Bois-Reymonds spannungsreicher dialektischer Gedankengang zu seiner letzten Wendung an: Der Ist-Zustand des humanistischen Gymnasiums läßt stark zu wünschen übrig; er leistet nicht, was zu leisten wäre. Der Redner rügt das unzulängliche Wissen von den antiken Sprachen und der antiken Geschichte, das die Studienanfänger mitbrächten, und bemängelt nachdrücklich deren fehlerhaftes und geschmackloses Deutsch. Am längsten befaßt er sich jedoch mit den Lücken auf dem Felde der Mathematik, wo ihm insbesondere der Verzicht auf die analytische Geometrie als kritikwürdig erscheint. Und so endet sein Vortrag mit der Forderung nach mehr Mathematik und mit der bereits zitierten Antithese: »Kegelschnitte! Kein griechisches Skriptum mehr!«, wodurch nicht etwa die Lektüre griechischer Autoren eingeschränkt, sondern lediglich das Übersetzen vom Deutschen ins Griechische beseitigt werden sollte.

Daß der Bildungskampf anderwärts ähnliche Fronten zeigte und mit ähnlichen Argumenten geführt wurde wie in Deutschland, zeigen z. B. die brillant formulierten Reden des englischen Zoologen Thomas Huxley. In seinem Vortrag »On the Educational Value of the Natural History Sciences«

vom Jahre 1854[13] geht es um die Biologie: Der Autor beklagt die Unwissenheit, gepaart mit Geringschätzung, welche selbst die Gebildeten den Forschungsergebnissen der Biologen gegenüber zeigten, und rühmt die Schönheiten, die die Natur dem Kenner offenbare: »To a person uninstructed in natural history«, erklärt er, »his country or sea-side stroll is a walk through a gallery filled with wonderful works of art, nine-tenths of which have their faces turned to the wall.«

Bedeutsamer und in geschliffener Polemik radikaler ist Huxleys Vortrag »Science and Culture«[14], gehalten im Jahre 1880 anläßlich der Eröffnung eines College, dessen Stifter in der Satzung »mere literary instruction and education« ausgeschlossen hatte; der Redner versucht, diese Bestimmung zu rechtfertigen. Als die Physik (sie ist der Hauptgegenstand des Vortrags) als neue Wissens- und Bildungsmacht auftrat, erklärt er, stieß sie auf zweierlei Gegner: auf die Geschäftsleute, die sie für spekulativen Kehricht hielten und demgemäß mit Verachtung straften, sowie auf die klassischen Philologen, die sie – als »monopolists of education« – vom Kanon der Bildung ferngehalten wissen wollten. Während die Gegnerschaft der Erstgenannten wohl der Vergangenheit angehöre (bei den Urteilsfähigen gelte jetzt, »the diffusion of thorough scientific education is an absolutely essential condition of industrial progress«), seien die klassischen Philologen noch stets davon überzeugt, daß die Naturwissenschaft, die die höheren Lebensfragen nicht berühre, einseitig und engstirnig mache und daß allein die Beschäftigung mit dem griechisch-römischen Altertum imstande sei, Bildung zu vermitteln.

Diesem schroffen Standpunkt hält Huxley ebenso schroff entgegen, daß wahre Bildung (»real culture«) ebensogut auf einem rein naturwissenschaftlichen Unterricht beruhen könne wie auf einem rein literarischen, um schließlich lapidar festzustellen, für künftige Naturwissenschaftler, Ärzte und Geschäftsleute sei »classical education [...] a mistake«. Die Humanisten der Renaissance hätten zu Recht geglaubt, sie seien im Besitz der höchsten Kultur, doch die des 19. Jahrhunderts täten so, als lebe man noch in der Renaissance, während sich – dank der Physik – das 19. Jahrhundert weiter von der Renaissance entfernt habe als die Renaissance vom Mittelalter. »Thus I venture to think«, erklärt Huxley, »that the pretensions of our modern humanists to the possession of the monopoly of culture [...] must be abated, if not abandoned.«

Am Schluß nimmt der Gedankengang Huxleys allerdings noch eine ähnliche, wenn auch schwächere Wendung wie der von Du Bois-Reymond. Von literarischer Bildung, heißt es dort, dürfe nicht gänzlich abgesehen werden; ein rein naturwissenschaftliches Studium bringe Einseitigkeit hervor. Deswegen sei in dem neuen College Vorsorge für Englisch, Französisch und Deutsch getroffen; der Student habe also Zugang zu den drei größten Literaturen der modernen Welt. Was dann folgt, gehört nicht mehr zur Bildungsdebatte des 19. Jahrhunderts, sei aber dennoch zitiert, weil es erkennen läßt, wie sehr sich die Gewichte der europäischen Hauptsprachen seither verschoben haben: »French and German, and especially the latter language, are absolutely indispensable to those who desire full knowledge in any department of science.«

Blickt man auf den Schul- und Bildungskampf insgesamt, in den die mathematisch-naturwissenschaftlichen Disziplinen während des 19. Jahrhunderts verwickelt waren, dann zeigt sich, daß es hierbei vornehmlich um die beschreibenden naturkundlichen Fächer Zoologie, Botanik und Mineralogie sowie um Physik und Chemie ging: Die Mathematik stand ziemlich außerhalb der Fronten. Sie war als ganz und gar auf sich selbst beruhende, keiner externen Begründung bedürftige – also ›reine‹ – Wissenschaft hüben wie drüben einigermaßen unangefochten: Die Realisten hielten sie für einen wesentlichen Bestandteil ihrer Programme, und bei den idealistisch gesinnten Humanisten, bei denen vielleicht noch die hohe Wertschätzung der platonischen Tradition nachwirkte, hatte sie ebenfalls im allgemeinen den Status eines Hauptfaches.

So erklärt sich, daß die Mathematik nur am Rande in das Auf und Ab der Entwicklung hineingezogen wurde; ein gut Teil der sie betreffenden Diskussionen war innerfachlich, etwa durch die Frage ihrer Eignung für bestimmte Altersstufen, bedingt. Im ganzen brachte das 19. Jahrhundert eine erhebliche Steigerung der Anforderungen mit sich; die Lehrpläne sahen schließlich für alle höheren Schulen die Planimetrie, die Algebra bis zu Gleichungen zweiten Grades, die Trigonometrie und die Stereometrie vor, und umstritten war lediglich, ob die analytische Geometrie mitsamt Integral- und Differentialrechnung einbezogen werden solle.

Im übrigen scheinen das Vordringen der mathematisch-naturwissenschaftlichen Fächer im Lehrplan der Schule und dessen Reflexe in den zeitgenössischen Debatten zu bestätigen, was der Pädagoge Fritz Blättner in seinem Werk über das Gymnasium mit Befremden festgestellt hat:[15] Die idealistische Mentalität der Epoche war derart kompakt, daß sich die Fürsprecher des naturwissenschaftlichen Unterrichts nicht auf dessen Nützlichkeit oder Lebensnotwendigkeit berufen durften, sondern vielmehr für ihn denselben ›Bildungswert‹ beanspruchen mußten, den die Philologen für die klassischen Studien zu reklamieren nicht müde wurden. Die Zugehörigkeit zum Bildungskanon war für die Verfechter der Realien ein Point d'honneur; man übernahm den Denk- und Argumentationsstil der Philologen und wechselte lediglich die Stoffe aus, so daß keine den Naturwissenschaften angemessene pädagogische Theorie aufkommen konnte. Dieses Werben um die Leitbegriffe der humanistischen Tradition hat auch nach deren Schwinden oder Erlöschen noch nicht gänzlich aufgehört; als Beispiel diene das Werk *Bildung und Mathematik* von Alexander Wittenberg.

Nicht alles nützliche oder notwendige Wissen, das von der Schule oder einer anderen Instanz an die jeweils heranwachsende Generation weitergegeben werden sollte, muß Bildung im Sinne der Humanisten sein. Als wichtiger denn jedweder Streit um Begriffe erscheint aus heutiger Sicht, daß man sich

Der erste Dieselmotor
Deutsches Museum München

Ein photographisches Atelier um 1860
in einem Diorama

die fundamentalen Unterschiede, die zwischen den beiden
Studienrichtungen, der philosophisch-historischen und der
mathematisch-naturwissenschaftlichen, obwalten, deutlich
mache und weltoffen – oder auch gebildet – genug sei, die
Notwendigkeit beider Richtungen anzuerkennen. Was Goethe von der Mathematik sagte – daß sie kein Vorurteil weg-
zuheben vermöge, daß sie den Eigensinn nicht lindern, den
Parteigeist nicht beschwichtigen könne, daß sie nichts von
allem Sittlichen vermöge[16] –, gilt auch für die Naturwissenschaften, das Reich des Müssens, die Dimension menschlichen Forschens, in der es keine Freiheit, keinen Sinn und
keine Werte gibt: Die Kenntnisse, die dort erworben werden,

Deutsches Museum München

sind, mit Jaspers zu reden, »existentiell unverbindlich «[17]; sie enthalten keinerlei kategorischen Imperativ für das Tun und Lassen einer Person. Den messenden und rechnenden Naturwissenschaften, die auf den Raum und die Materie verwiesen sind, gehört ganz nur die anorganische Welt; im Bereich des Organischen und zumal beim Menschen genießen sie kein Forschungsmonopol, dort findet ihre Kompetenz in dem Maße eine Grenze, in dem der Kausalitätsbegriff aufhört, bestimmend zu sein.

Gewiß kann man sich darauf verständigen, daß naturwissenschaftliche Kenntnisse, sofern sie sich in vernünftigen Zusammenhängen und ohne die Notwendigkeit eines langjährigen Spezialstudiums erwerben lassen, als der Allgemeinbildung zugehörig zu betrachten seien. Das bürgerliche Zeitalter jedenfalls scheint sich um die Definitionsprobleme und Richtungsdebatten der Schulleute wenig gekümmert zu haben. Dessen Lebenspraxis lief wohl weithin darauf hinaus, daß es durchaus Sache des Gebildeten sei, sich zumal in den Bereichen der Biologie und Geographie, aber auch in denen der Physik und Chemie einiges Wissen anzueignen.

Doch hiermit gelangt die Betrachtung auf ein noch wenig beackertes Feld: Die außerschulische Rezeption der naturwissenschaftlichen Fortschritte und die Mittler, die dabei zu Gebote standen, sind noch kaum in größeren Zusammenhängen untersucht.[18] Herausragende Forscher beschickten den Markt mit populärwissenschaftlichen Werken, deren Darstellungskunst ihnen eine breite Leserschaft sicherte; Brehms *Tierleben* stand in vielen bürgerlichen Bücherschränken, und die Vorträge und Schriften des Physikers Helmholtz fanden nicht nur in Fachkreisen Leser. Darwins Evolutionstheorie wurde in ganz Europa lebhaft diskutiert; in Deutschland fand sie vor allem in Ernst Haeckel einen beredten Künder. Wer sich auf gemeinverständliche Weise über naturwissenschaftliche Neuheiten unterrichten wollte, konnte einschlägige Zeitschriften beziehen, wie etwa den seit 1904 in Stuttgart erscheinenden *Kosmos*.

Schließlich sei darauf hingewiesen, daß die großen Industrienationen durch besondere Museen die Fortschritte auf naturwissenschaftlich-technischem Gebiet zu dokumentieren und zu vermitteln suchten. In Paris wurde schon im Jahre 1794 das Conservatoire des arts et métiers gegründet. London erhielt eine ähnliche Institution, das Museum of Science in Kensington, und zu Beginn des 20. Jahrhunderts folgte München mit dem Deutschen Museum von Meisterwerken der Naturwissenschaft und Technik, eine Einrichtung, die von Anfang an dazu bestimmt war, auch Laien auf gemeinverständliche Weise und durch anschauliche Modelle in die moderne Maschinen- und Apparatewelt einzuführen.

# Anmerkungen

## Einleitung

1 S. u. S. 36 f.

2 Hierzu Georg Bollenbeck, *Bildung und Kultur – Glanz und Elend eines deutschen Deutungsmusters*, Frankfurt/M. und Leipzig 1994². Das Werk hat indes eine andere Zielrichtung als die Hinweise, die hier gegeben werden: Es geht dort nicht um den Kontrast zur vorausgehenden christlichen Ära, sondern um Differenzen, die – im Verhältnis zu gleichzeitigen westeuropäischen Entwicklungen – deutsche Besonderheiten erkennen lassen.

3 S. die Literaturhinweise zu den je einschlägigen Kapiteln.

## 1. Kapitel

1 Homerischer Hymnus 3 (»An Apollon«), Vers 250 f. und 290 f.

2 *Opera*, Basel 1551, S. 387 ff.

3 *Opera*, Basel 1551, S. 682 (übersetzt vom Verfasser).

4 Insbesondere mit seinem Hauptwerk *Les six livres de la République* (1576).

5 So z. B. in der *Methodus ad facilem historiarum cognitionem* (1566).

6 S. o. S. 20.

7 Vgl. *Hoffnung Europa – Deutsche Essays von Novalis bis Enzensberger*, hg. v. Paul Michael Lützeler, Frankfurt/M. 1994.

## 2. Kapitel

1 Paulsen, »Bildung«, a.a.O., S. 658.

2 Vgl. Paulsen, »Bildung«, a.a.O., S. 663.

3 Zitiert nach Paulsen, »Bildung«, a.a.O., S. 660.

4 »Litauischer Schulplan«, in: *Werke in fünf Bänden*, hg. v. Andreas Flitner u. Klaus Giel, Bd. 4, Stuttgart 1964, S. 188.

5 *Werke*, Bd. 4, S. 169.

[6] *Werke*, Bd. 4, S. 170.
[7] Paulsen, »Bildung«, a.a.O., S. 661-663.
[8] Litt, a.a.O., S. 11 f.
[9] Jens, a.a.O., S. 9.

### 3. Kapitel
[1] Hesekiel 40, 3-5; Jesaja 46, 6.
[2] 8, 193; 13, 407; 23, 761.
[3] Galater 6, 16; ebenso 1. Klemensbrief 7, 2.
[4] *Noctes Atticae* 19, 8, 15 (übersetzt vom Verfasser).
[5] Nach Ernst Langlotz, »Antike Klassik«, in: *Humanismus*, hg. v. Hans Oppermann, Darmstadt 1970, S. 355.

### 4. Kapitel
[1] Neuerdings ist diese These allerdings umstritten; vgl. u. S. 74.
[2] S. o. S. 13.

### 5. Kapitel
[1] S. o. S. 12 ff.
[2] Zitiert nach Wendt, »Gymnasium«, a.a.O., S. 806.
[3] S. hierzu u. S. 187 ff.
[4] Stuttgart 1983⁶.
[5] Siehe Georg Büchmann, *Geflügelte Worte und Zitatenschatz*, Zitate aus griechischen und aus lateinischen Schriftstellern; *Petit Larousse illustré*, Locutions latines et étrangères.
[6] Vgl. o. S. 34 f.
[7] Wendt, »Gymnasium«, a.a.O., S. 822.

### 6. Kapitel
[1] »L'Antimachiavel«, Kap. 10, in: Frédéric le Grand, *Œuvres*, Bd. 8, Berlin 1848, S. 95.
[2] Vgl. Daniel, *Hoftheater*, a.a.O., S. 13. S. u. S. 135 ff.
[3] Vgl. Carl Dahlhaus, »Euripides, das absurde Theater und die Oper«, in: *Vom Musikdrama zur Literaturoper*, Mün-

chen 1989, S. 228-266; vgl. Hellmut Flashar, *Die Inszenierung der Antike*, München 1991, S. 41 f.

4 Herodot 1, 29 ff.

## 7. Kapitel

1 *Frankfurter Allgemeine Zeitung*, 21. Juni 1997, S. 1.

2 Leipzig 1751[4], S. 118 ff.

3 S. o. S. 59.

4 In einer handschriftlichen Änderung, die der Autor in einem Exemplar seiner Übersetzung der Briefe des Horaz, Ausgabe Leipzig 1790, angebracht hat; s. Hans-J. Weitz, »›Weltliteratur‹ zuerst bei Wieland«, in: *Arcadia* 22, 1987, S. 206-208.

5 *Gedenkausgabe der Werke, Briefe und Gespräche*, hg. v. Ernst Beutler, Bd. 24, Zürich 1948, S. 228 f.; vgl. auch S. 262.

6 »Über Aufgaben«, a.a.O., S. 64 f.

7 Zunächst Frankfurt/M., ab 1984 Wiesbaden.

8 Hg. v. Reinhard Tgahrt, München 1982.

9 A.a.O., S. 59.

10 S. o. S. 86.

11 Nach Schulz-Buschhaus, »Kanonbildung«, a.a.O., S. 47.

12 S. Helmut Fuhrmann, *Die Furie*, a.a.O., S. 87 f.

13 Nach Helmut Fuhrmann, *Die Furie*, a.a.O., Anm. 278.

14 Ebenfalls nach Helmut Fuhrmann, *Die Furie*, a.a.O., S. 183 f.

## 8. Kapitel

1 Nach Cordt, »Von Enzyklopädien«, a.a.O., S. 56.

2 Nach Mittelstraß, »Bildung«, a.a.O., S. 98. (»Man bringt Tatsachen nur bei, man vergleicht Experimente nur und ersinnt Methoden nur, um den Geist anzuregen, daß er sich unbekannte Wege öffne und zu neuen Entdeckungen vordringe, indem er die Stelle als seinen Ausgangspunkt betrachtet, wo die großen Männer nicht mehr weiter gekommen sind« [übersetzt vom Verfasser].)

3 S. XXXXV.

4 Nach Cordt, »Von Enzyklopädien«, a.a.O., S. 58.

5 *Gedenkausgabe der Werke, Briefe und Gespräche*, hg. v. Ernst Beutler, Bd. 1, Zürich 1961², S. 648.

6 Die Zitate nach Cordt, »Von Enzyklopädien«, a.a.O., S. 58 f.

## 9. Kapitel

1 Johannes Hoffmeister, *Wörterbuch der philosophischen Begriffe*, Hamburg 1955², S. 26 f.

2 *De finibus* (›Ziele menschlichen Handelns‹) 5, 12.

3 Nach Holzhey, »Popularphilosophie«, a.a.O., Sp. 1097 f.

4 *Gedenkausgabe der Werke, Briefe und Gespräche*, hg. v. Ernst Beutler, Bd. 10, Zürich 1962², S. 245 f. und 273.

5 Ebendort, Bd. 18, Zürich 1965², S. 170 f.

6 »Dichtung und Wahrheit«, ebendort, Bd. 10, S. 385.

## 10. Kapitel

1 Stuttgart 1946.

2 Hermann Heimpel, *Der Mensch in seiner Gegenwart*, Göttingen 1954, S. 194.

3 9 1451 b 4-7.

4 Aus dem Jahre 1566; vgl. o. S. 23 f.

5 Weniger, *Neue Wege*, a.a.O., S. 27 f.

6 *De oratore* 2, 36.

7 Nach Neubauer, a.a.O., S. 485.

8 *Pädagogische Schriften*, hg. v. Erich Weniger, Bd. 1, Düsseldorf und München 1957, S. 251.

9 *Vernunft in der Geschichte*, hg. v. Johannes Hoffmeister, Hamburg 1955⁵, S. 19.

10 *Weltgeschichtliche Betrachtungen*, hg. v. Jakob Oeri, Berlin 1910², S. 9.

11 »Vom Nutzen und Nachteil der Historie für das Leben«, *Werke*, Abt. 1, Bd. 1, Leipzig 1905, S. 312.

12 *Gedenkausgabe der Werke, Briefe und Gespräche*, hg. v. Ernst Beutler, Bd. 3, Zürich 1966³, S. 332.

[13] »Vom Nutzen und Nachteil«, a.a.O., S. 283.
[14] *Werke in fünf Bänden*, hg. v. Andreas Flitner und Klaus Giel, Bd. 1, Stuttgart 1960, S. 585-606.
[15] A.a.O., S. 586, 588 und 590.
[16] *Ausgewählte Werke*, hg. v. Ernst Müller, Bd. 5, Stuttgart 1954, S. 575-596.
[17] A.a.O., S. 594.
[18] A.a.O., S. 595.
[19] A.a.O., S. 294 ff.
[20] Vgl. u. S. 202.

### 11. Kapitel

[1] S. o. S. 73.
[2] S. o. S. 73 f.
[3] S. o. S. 72 f.
[4] Nach Daniel, a.a.O., S. 146.
[5] Vers 333.
[6] *Ausgewählte Werke*, hg. v. Ernst Müller, Bd. 5, Stuttgart 1954, S. 14 f.
[7] Nach Daniel, a.a.O., S. 145.
[8] Nach Daniel, a.a.O., S. 146.
[9] 13 1453 a 7-12.
[10] Nach Bayerdörfer, »Theater«, a.a.O., S. 45.
[11] Nach Bayerdörfer, »Theater«, a.a.O., S. 42 und 46.
[12] Laube, zitiert nach Bayerdörfer, »Theater«, a.a.O., S. 47.

### 12. Kapitel

[1] *Gedenkausgabe der Werke, Briefe und Gespräche*, hg. v. Ernst Beutler, Bd. 15, Zürich 1953, S. 1038 ff.
[2] Nach Ernst Bücken, *Die Musik des Rokoko und der Klassik*, Potsdam 1932, S. 11.
[3] Hierzu s. o. S. 76 ff.
[4] S. o. S. 79.
[5] Nach Heister, *Konzertwesen*, a.a.O., Sp. 688.

### 13. Kapitel

1 S. o. S. 80 ff.

2 *Orator* 69; vgl. Quintilian, *Institutio oratoria* 12, 10, 58-62.

3 2. Teil, Buch 8, *Gedenkausgabe der Werke, Briefe und Gespräche*, hg. v. Ernst Beutler, Bd. 10, Zürich 1962², S. 352.

4 *Die Nation und ihre Museen*, a.a.O., S. 19-32.

5 Das Folgende durchweg nach Peter-Klaus Schuster, »National-International: Zu einer historischen Kontroverse um die Berliner Nationalgalerie«, in: *Die Nation und ihre Museen*, a.a.O., S. 210-224.

### 14. Kapitel

1 »Eine Reise in die Schweiz, nach Deutschland oder nach Frankreich, ja selbst nach Italien oder in die Niederlande war im 18. Jahrhundert eine unerläßliche Ergänzung des Straßburger Erziehungswesens« (übersetzt vom Verfasser); nach Treue, a.a.O., S. 205.

2 Nach Wuthenow, a.a.O., S. 89.

3 Nach Wuthenow, a.a.O., S. 287.

4 Übersetzt vom Verfasser; nach Wuthenow, a.a.O., S. 92.

5 Nach Wuthenow, a.a.O., S. 93.

6 Nach Wuthenow, a.a.O., S. 98.

7 Nach Wuthenow, a.a.O., S. 102.

8 Nikolai Michailowitsch Karamsin, *Briefe eines russischen Reisenden*, 21. Juli 1789, S. 157 der Ausgabe Berlin 1977.

9 Nach Wuthenow, a.a.O., S. 315.

10 *Carmen saeculare* (Festlied zur Jahrhundertfeier), Vers 11 f.

11 *Römische Elegien* 15, 27 f.

12 Nach Wuthenow, a.a.O., S. 316 f.

13 Vgl. hierzu den gleichnamigen Katalog, Stuttgart 1966².

## 15. Kapitel

1 Meschkowski, a.a.O., S. 157.
2 Charles Percy Snow, *The Two Cultures and the Scientific Revolution*, zuerst 1959; hierzu *Die zwei Kulturen. Literarische und naturwissenschaftliche Intelligenz. C. P. Snows These in der Diskussion*, hg. v. Helmut Kreuzer, München 1987[2].
3 S. o. S. 55 f.; 102 f.
4 So Schöler, a.a.O., S. 22.
5 *Über Erziehung, Schule, Universität (»Consilia scholastica«)*, hg. v. Wilhelm Körte, Leipzig 1835, S. 195.
6 So in der o. S. 108 genannten Einleitung zur Enzyklopädie.
7 S. 23 f. der Ausgabe in den *Gesammelten Werken*, Stuttgart o.J., Bd. 1.
8 »Über das Studium der Naturwissenschaften und den Zustand der Chemie in Preußen«, *Reden und Abhandlungen*, Heidelberg 1874, S. 34 f.
9 S. 20 in der Ausgabe Stuttgart 1984.
10 *Reden*, Bd. 1, Leipzig 1912[2], S. 567-629; die hier erörterte Partie S. 592 ff.
11 »Festrede bei öffentlicher Sitzung am 20. März 1884«, in: *Sitzungsberichte der Preußischen Akademie der Wissenschaften*, Bd. 1, Berlin 1884, S. 246 (= *Reden und Aufsätze*, Berlin 1905, S. 122 f.).
12 *Georgica* 2, 490-492.
13 *Collected Essays*, Bd. 3, London 1893, S. 38-65; das folgende Zitat S. 63.
14 Ebendort, S. 134-159.
15 A.a.O., S. 297 ff.
16 »Aphorismen und Fragmente«, *Gedenkausgabe der Werke, Briefe und Gespräche*, hg. v. Ernst Beutler, Bd. 17, Zürich 1966[2], S. 768.
17 Nach Litt, a.a.O., S. 50.
18 Immerhin hat hier das unlängst erschienene Werk von Daum, wenn auch in räumlichen und zeitlichen Grenzen, einigen Wandel geschaffen.

# Literaturhinweise

### 1. Kapitel

Foerster, Rolf Hellmut, *Europa. Geschichte einer politischen Idee*, München 1967.

Fuhrmann, Manfred, *Europa. Zur Geschichte einer kulturellen und politischen Idee*, Konstanz 1981.

Gollwitzer, Heinz, *Europabild und Europagedanke. Beiträge zur deutschen Geistesgeschichte des 18. und 19. Jahrhunderts*, München 1964[2].

### 2. Kapitel

*Allgemeine Bildung*, hg. v. Heinz-Elmar Tenorth, Weinheim und München 1986.

Benner, Dietrich, *Wilhelm von Humboldts Bildungstheorie*, Weinheim und München 1990.

Engelhardt, Ulrich, *»Bildungsbürgertum« – Begriffs- und Dogmengeschichte eines Etiketts*, Stuttgart 1986.

Jens, Walter, *Antiquierte Antike?*, Münsterdorf 1971.

Kerstiens, Ludwig, *Der gebildete Mensch*, Freiburg, Basel und Wien 1966.

Litt, Theodor, *Berufsbildung und Allgemeinbildung*, Heidelberg 1969.

Paulsen, Friedrich, »Bildung«, in: *Enzyklopädisches Handbuch der Pädagogik*, hg. v. Wilhelm Rein, Bd. 1, Langensalza 1903[2], S. 658-670.

### 3. Kapitel

Fuhrmann, Manfred, »Klassik in der Antike«, in: *Literarische Klassik*, hg. v. Hans-Joachim Simm, Frankfurt/M. 1988, S. 101-119.

Oppel, Horst, KANΩN, *Philologus Supplement* 30, 4, 1937.

Siehe auch die Literaturhinweise zum 7. Kapitel.

## 4. Kapitel

*Die Antike in der europäischen Gegenwart,* hg. v. Walther Ludwig, Göttingen 1993.

*Classical Influences on European Culture, A. D. 1500-1700,* hg. v. Robert R. Bolgar, Cambridge 1976.

*Classical Influences on Western Thought, A. D. 1650-1870,* hg. v. Robert R. Bolgar, Cambridge 1979.

Fuhrmann, Manfred, »Antike (Rezeption)«, in: *Fischer-Lexikon Literatur,* hg. v. Ulfert Ricklefs, Bd. 1, Frankfurt/M. 1996, S. 60-79.

## 5. Kapitel

Blättner, Fritz, *Das Gymnasium,* Heidelberg 1960.

Flitner, Wilhelm, *Die gymnasiale Oberstufe,* Heidelberg 1961.

Landfester, Manfred, *Humanismus und Gesellschaft im 19. Jahrhundert,* Darmstadt 1988.

Wendt, G., »Gymnasium«, in: *Enzyklopädisches Handbuch der Pädagogik,* hg. v. Wilhelm Rein, Bd. 3, Langensalza 1905[2], S. 800-826.

## 6. Kapitel

Alewyn, Richard, und Sälzle, Karl, *Das große Welttheater. Die Epoche der höfischen Feste in Dokument und Deutung,* Hamburg 1959.

Balet, Leo, *Die Verbürgerlichung der deutschen Kunst, Literatur und Musik im 18. Jahrhundert,* Straßburg 1936.

*The Courts of Europe. Politics, Patronage and Royalty 1400-1800,* hg. v. Arthur Geoffrey Dickens, London 1977 (deutsch: *Europas Fürstenhöfe. Herrscher, Politiker und Mäzene 1400-1800,* Graz 1978).

*Europäische Hofkultur im 16. und 17. Jahrhundert,* hg. v. August Buck u. a., 3 Bde., Hamburg 1981.

*Residenzen. Aspekte hauptstädtischer Zentralität von der frühen Neuzeit bis zum Ende der Monarchie,* hg. v. Kurt Andermann, Sigmaringen 1992.

Ruhnke, Martin, »Kapelle«, in: *Musik in Geschichte und Gegenwart,* hg. v. Ludwig Finscher, Bd. 4, Kassel 1996[2], Sp. 1787-1798.

Schlosser, Julius von, *Kunst- und Wunderkammern der Spätrenaissance,* Braunschweig 1978[2].

Siehe auch die Literaturhinweise zu den Kapiteln 11 bis 13.

### 7. Kapitel

Bloom, Harold, *The Western Canon. The Books and School of the Ages,* New York 1994.

*Bücher, die die Welt verändern,* Darmstadt 1969.

Curtius, Ernst Robert, *Europäische Literatur und lateinisches Mittelalter,* Bern 1954[2], 14. Kap., § 5: »Moderne Kanonbildung«.

Fuhrmann, Helmut, »*Die Furie des Verschwindens*«. *Literaturunterricht und Literaturtradition,* Würzburg 1993.

Gorak, Jan, *The Making of the Modern Canon,* London 1991.

Milch, Werner, »Über Aufgaben und Grenzen der Literaturgeschichte«, *Ak. d. Wiss. u. d. Lit. Mainz, Abh. d. Kl. Lit.* 1950,2.

Queneau, Raymond, *Pour une bibliothèque idéale,* Paris 1956.

Schulz-Buschhaus, Ulrich, »Kanonbildung in Europa«, in: *Literarische Klassik,* hg. v. Hans-Joachim Simm, Frankfurt/M. 1988, S. 45-68.

### 8. Kapitel

Cordt, Willy K., »Von Enzyklopädien und Lexika«, in: *Pädagogische Rundschau* 12, 1957/58, S. 55-62.

Dierse, Ulrich, »Enzyklopädie. Zur Geschichte eines philosophischen und wissenschaftstheoretischen Begriffs«, in: *Archiv für Begriffsgeschichte,* Suppl. 2, 1977, S. 58-71.

»Enzyklopädie«, in: *Brockhaus-Enzyklopädie,* Bd. 5, Wiesbaden 1968[17], S. 591-594.

Mittelstraß, Jürgen, »Bildung und Wissenschaft. Enzyklopädien in historischer und wissenssoziologischer Betrach-

tung«, in: *Die wissenschaftliche Redaktion,* Bd. 4, 1967,
S. 81-104.
Derselbe, »Enzyklopädie«, in: *Enzyklopädie Philosophie
und Wissenschaftstheorie,* Bd. 1, 1980, S. 557-562.

### 9. Kapitel

Gründer, Karlfried, »Die Bedeutung der Philosophie in der
Bildung des deutschen Bürgertums im 19. Jahrhundert«,
in: *Bildungsbürgertum im 19. Jahrhundert,* Teil II: Bildungsgüter und Bildungswissen, hg. v. Reinhart Koselleck,
Stuttgart 1990, S. 47-56 (inhaltlich nicht förderlich: skizziert, was erforscht werden müßte).
Holzhey, Helmut, »Popularphilosophie«, in: *Historisches
Wörterbuch der Philosophie,* Bd. 7, Basel 1989, Sp. 1093-
1100.
Ueding, Gert, »Popularphilosophie«, in: *Hansers Sozialgeschichte der deutschen Literatur,* Bd. 3: Deutsche Aufklärung bis zur Französischen Revolution 1680-1789, hg. v.
Rolf Grimminger, München 1980, S. 605-634.

### 10. Kapitel

Fina, Kurt, *Vom Sinn historischer Bildung. Eine Ortsbestim-
mung des Geschichtsunterrichts,* München 1970.
Günther, Horst, »Geschichte: IV. Historisches Denken in der
frühen Neuzeit«, in: *Geschichtliche Grundbegriffe,* hg. v.
Otto Brunner, Werner Conze und Reinhart Koselleck,
Bd. 2, Stuttgart 1975, S. 625-647.
Hardtwig, Wolfgang, *Geschichtskultur und Wissenschaft,*
München 1990.
Neubauer, »Geschichtsunterricht auf höheren Schulen«, in:
*Enzyklopädisches Handbuch der Pädagogik,* hg. v. Wil-
helm Rein, Bd. 3, Langensalza 1905[2], S. 482-523.
Nohl, Herman, »Die Geschichte in der Schule«, in: *Päd-
agogik aus dreißig Jahren,* Frankfurt/M. 1949, S. 62-74.
Paulsen, Friedrich, *Geschichte des gelehrten Unterrichts,*
Bd. 1, Leipzig 1919[3], S. 514-524 (Die Ritterakademien).

Weniger, Erich, *Neue Wege im Geschichtsunterricht,* Frankfurt/M. 1969[4].

Wittram, Reinhard, *Das Interesse an der Geschichte,* Göttingen 1963[2].

### 11. Kapitel

Bayerdörfer, Hans-Peter, »Theater und Bildungsbürgertum zwischen 48er Revolution und Jahrhundertwende«, in: *Bildungsbürgertum im 19. Jahrhundert,* Teil III: Lebensführung und ständische Vergesellschaftung, hg. v. M. Rainer Lepsius, Stuttgart 1992, S. 42-64.

Daniel, Ute, *Hoftheater. Zur Geschichte des Theaters und der Höfe im 18. und 19. Jahrhundert,* Stuttgart 1995.

Graf, Ruedi, *Das Theater im Literaturstaat. Literarisches Theater auf dem Weg zur Bildungsmacht,* Tübingen 1992.

Jäger, Hans-Wolf, »Wanderbühne, Hof- und Nationaltheater«, in: *Deutsche Literatur – Eine Sozialgeschichte,* hg. v. Horst Albert Glaser, Bd. 4: Zwischen Absolutismus und Aufklärung, hg. v. Ralph-Rainer Wuthenow, Reinbek 1980, S. 261-276.

Siehe auch die Literaturhinweise zum 6. Kapitel.

### 12. Kapitel

Engel, Hans, *Musik und Gesellschaft,* Berlin und Wunsiedel 1960.

Heister, Hanns-Werner, »Konzertwesen«, in: *Musik in Geschichte und Gegenwart,* hg. v. Ludwig Finscher, Bd. 5, Kassel 1996[2], Sp. 686-710.

Derselbe, *Das Konzert, Theorie einer Kulturform,* 2 Bde., Wilhelmshaven 1983.

Holl, Karl, »Konzert und Konzertwesen«, in: *Das Atlantisbuch der Musik,* hg. v. Fred Hamel und Martin Hürlimann, Berlin und Zürich 1934, S. 678-884.

Schleuning, Peter, *Das 18. Jahrhundert: Der Bürger erhebt sich (Geschichte der Musik in Deutschland),* Reinbek 1984.

Siehe auch die Literaturhinweise zum 6. Kapitel.

### 13. Kapitel

Bourdieu, Pierre, und Darbel, Alain, *L'amour de l'art. Les musées d'art européen et leur public,* Paris 1969[2].

Grasskamp, Walter, *Museumsgründer und Museumsstürmer. Zur Sozialgeschichte des Kunstmuseums,* München 1981.

*Die Nation und ihre Museen,* hg. v. Marie-Louise von Plessen, Frankfurt/M. und New York 1992.

*The Origins of Museums. The Cabinet of Curiosities in Sixteenth- and Seventeenth Century Europe,* hg. v. Oliver Impey und Arthur Macgregor, Oxford 1985.

Pomian, Krzysztof, *Der Ursprung des Museums,* Berlin 1986.

Ripley, Dillon, *The Sacred Grove. Essays on Museums,* Washington 1969.

Siehe auch die Literaturhinweise zum 6. Kapitel.

### 14. Kapitel

*Auch ich in Arcadien – Kunstreisen nach Italien 1600-1900,* hg. v. Bernhard Zeller, Stuttgart 1966[2].

Hibbert, Christopher, *The Grand Tour,* London 1987.

Mead, William Edward, *The Grand Tour in the 18th Century,* Boston und New York 1914.

Treue, Wilhelm, »Zum Thema der Auslandsreisen im 17. Jahrhundert«, in: *Archiv für Kulturgeschichte* 35, 1953, S. 199-211.

Wuthenow, Ralph-Rainer, *Die erfahrene Welt. Europäische Reiseliteratur im Zeitalter der Aufklärung,* Frankfurt/M. 1980.

### 15. Kapitel

Blättner, Fritz, *Das Gymnasium,* Heidelberg 1960.

*Chronik des Deuschen Museums von Meisterwerken der Naturwissenschaft und Technik,* München 1927.

Daum, Andreas, *Wissenschaftspopularisierung im 19. Jahrhundert. Bürgerliche Kultur, naturwissenschaftliche Bildung und deutsche Öffentlichkeit 1848-1914*, München 1998.

Engelhardt, Dietrich von, »Der Bildungsbegriff in der Naturwissenschaft des 19. Jahrhunderts«, in: *Bildungsbürgertum im 19. Jahrhundert*, Teil II: Bildungsgüter und Bildungswissen, hg. v. Reinhart Koselleck, Stuttgart 1990, S. 106-116.

Keferstein, Hans, »Mathematik in höheren Lehranstalten«, in: *Enzyklopädisches Handbuch der Pädagogik*, hg. v. Wilhelm Rein, Bd. 5, Langensalza 1906[2], S. 799-813.

Derselbe, »Physik an höheren Schulen«, in: Ebendort, Bd. 6, Langensalza 1907[2], S. 834-866.

Kerschensteiner, Georg, *Wesen und Wert des naturwissenschaftlichen Unterrichts*, München 1963[6].

Litt, Theodor, *Naturwissenschaft und Menschenbildung*, Heidelberg 1959[4].

Meschkowski, Herbert, *Mathematik als Bildungsgrundlage*, Braunschweig 1965.

Schöler, Walter, *Geschichte des naturwissensschaftlichen Unterrichts*, Berlin 1970.

Schotten, »Mathematischer Unterricht, seine Geschichte«, in: *Enzyklopädisches Handbuch der Pädagogik*, hg. v. Wilhelm Rein, Bd. 5, Langensalza 1906[2], S. 793-799.

Wittenberg, Alexander I., *Bildung und Mathematik*, Stuttgart 1963.

# Bildnachweise